昭和三十六年
三月四日

平成七年七月七日
白龍翁寿宗

不識の布施
眞通り持戒
自然の忍辱
大自然の超越
光明の悟り
悟りに四季なし

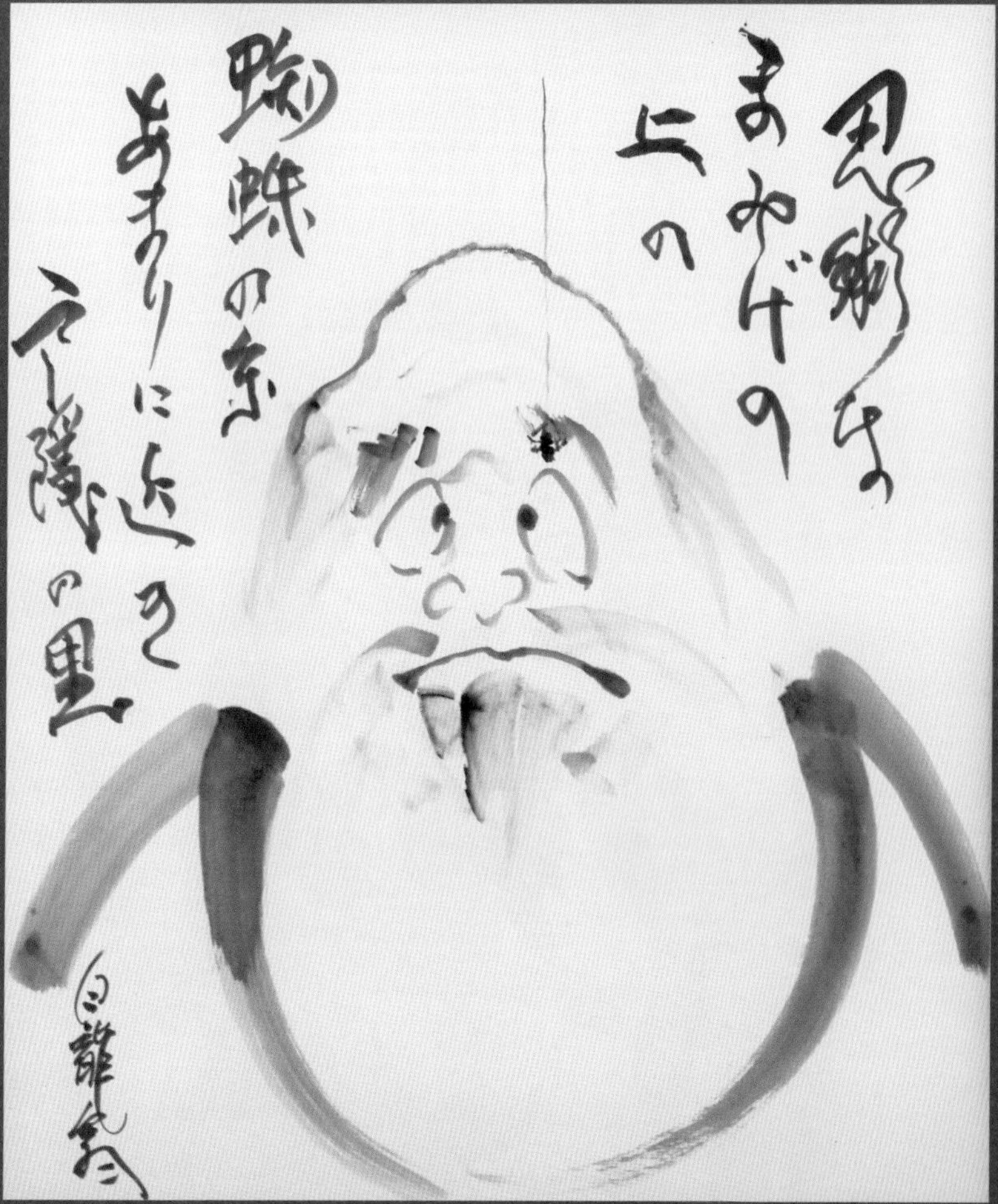

達磨図（著者筆）

1頁　坂上田村麻呂（著者筆）
2－3頁　龍図（著者筆）

桃水和尚（著者筆）
指に蜻蛉（勝ち虫）が
留まっている。

白龍

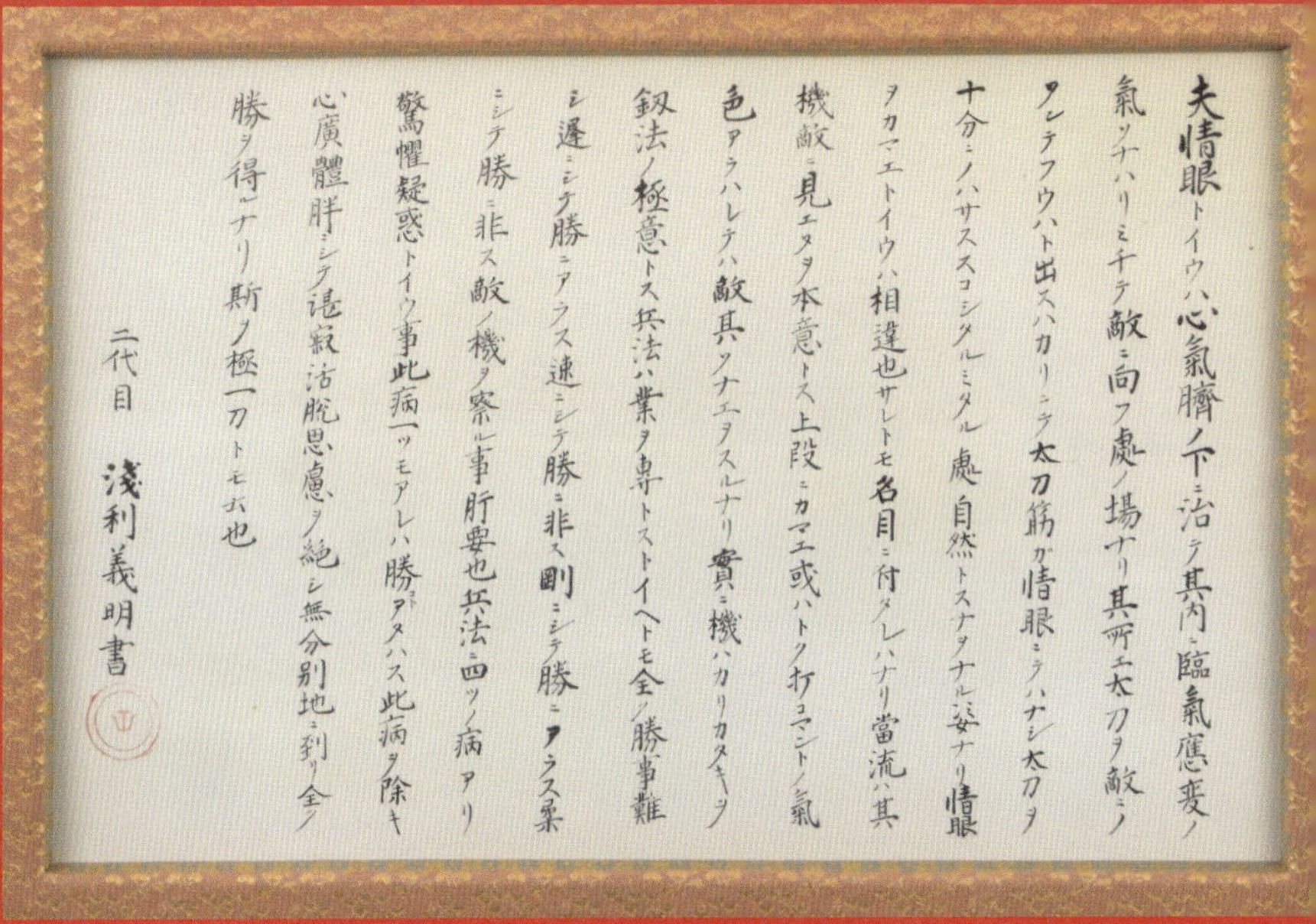

夫情眼トイウハ心氣臍ノ下ニ治テ其内ニ臨氣應変ノ
氣ソナハリミチテ敵ニ向フ處ノ場ナリ其所エ太刀ヲ敵ニノ
ソレテフウハト出スハカリニテ太刀筋ガ情眼ニテハナシ太刀ヲ
十分ニノハサスコシタルミタル處自然トスナヲナル姿ナリ情眼
ヲカマエトイウハ相違也サレトモ名目ニ付タレハナリ當流ハ其
機敵ニ見エヌヲ本意トス上段ニカマエ或ハトク打コマントノ氣
色アラハレテハ敵其ソナエヲスルナリ實ニ機ハカリカタキヲ
釼法ノ極意トス兵法ハ業ヲ専トストイヘトモ全ノ勝事難
シ遅ニシテ勝ニアラス速ニシテ勝ニ非ス剛ニシテ勝ニアラス柔
ニシテ勝ニ非ス敵ノ機ヲ察ル事肝要也兵法ニ四ツノ病アリ
驚懼疑惑トイウ事此病一ツモアレハ勝コトアタハス此病ヲ除キ
心廣體胖ニシテ謐寂恬恍思慮ヲ絶シ無分別地ニ到リ全ノ
勝ヲ得ルナリ斯ノ極一刀トモ云也

二代目　浅利義明書

浅利 又七郎義明の書

上・裏には道場で稽古前に上げる祝詞が書かれている。
右・神武天皇（著者筆）鳩を敢えて金ではなく平和の象徴である白鳩にしている。

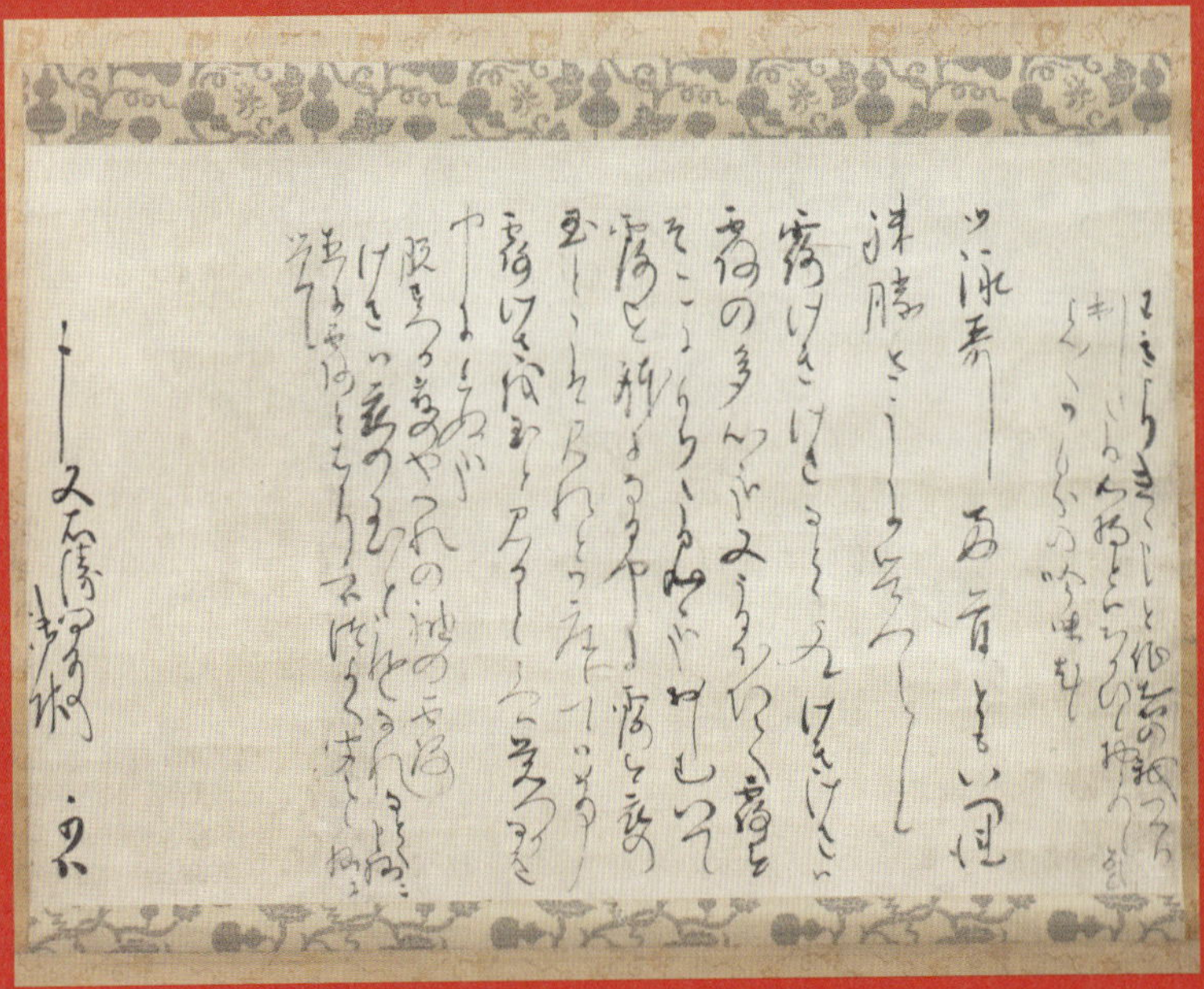

沢庵和尚の書

著者が師・高松氏より
贈られた南画。

師・高松壽嗣氏（左）のもとで
稽古時代の著者。著者30代の頃。

微細な柄頭の造りと透かし鍔、鞘には金線が一筋通った拵えの粋を極めた一振り。

著者が最初に手に入れた無銘の一振り。使い込み傷だらけの刀身が、高松師との厳しい稽古を物語る。

初見良昭（Masaaki Hatsumi）

1931年、千葉県野田市生まれ。武神館《ぶじんかん》を主宰（武神館九流派宗家）、柔道五段、空手八段、抜刀道十段。ペンタゴンやFBI、英国特殊部隊、オランダ王立海軍などでも指導。テネシー州親善大使、ロンドン警視庁名誉顧問、テキサス州名誉市民、アトランタ、ロサンゼルス市名誉市民など。騎士（ドイツ国立歴史文化連盟より）。世界各国の指導者（レーガン大統領、メージャー首相、ミッテラン大統領、ローマ法王、マンデラ大統領ほか）や軍隊、警察、情報局や各種団体から感謝状、賞状、友好証などを受けている。国際警察会員、インターポール。英国王立医学協会名誉会員、トリニティ大学名誉教授、モアパーク大学犯罪学名誉教授、科学博士、哲学博士、芸術学博士。「日本よりも海外で有名な日本人」として、しばしばテレビ、雑誌、新聞などで紹介される。

忍者 初見良昭の教え

人《じん》生《せい》無《む》刀《とう》捕《どり》

日貿出版社

第一章　人生無刀捕

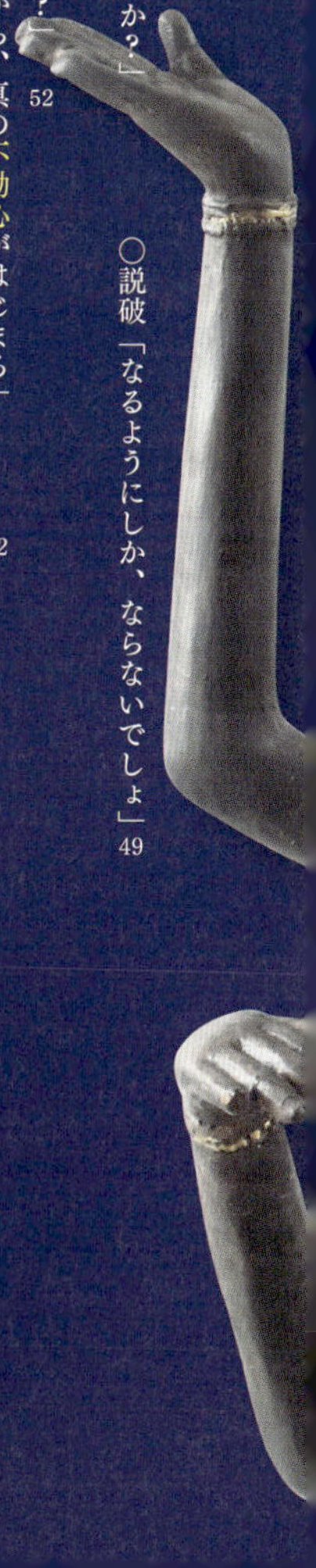

第一章

題字・初見良昭

Q1

「何かを学ぶ〝弟子力〟、逆に教える〝師匠力〟というものはあるのでしょうか？」

まずは、先人から物を学ぶときの態度、力量、姿勢、すなわち「弟子力」がテーマ。弟子たるものの心得と、弟子力はどうすれば高まるのかを、初見先生に訊ねてみた。

A1

初見先生のお答え

「気立てのいいこと。心根の清い人。そして素直に学ぶこと」

弟子力ね。まず、言っておきたいのは、武道家でなくても立派な方はたくさんいらっしゃるということ。これが一番大事なことです。テクノロジーの世界でも、文化の世界でも、政治、経済、教育、スポーツ、各分野に、それぞれ一流の人物がいるわけです。年齢も関係ないし、男女も関係なく、LGBT（レズ、ゲイ、バイセクシャル、トランスジェンダー）だって関係ない。

武道に「三心の形」、「五行の形」があるでしょ。「心」という字は「りっしんべん（立心偏）」。つまり「性」につながっていて、第三の性につながっているわけです。

そうした人々まで含めて、世界には優れた人がたくさんいることをまず知らないと。

狭い道場、狭い流派の中で、一流、二流を語っていたってダメなんです。手裏剣だって、屋内の道場で練習するのと、屋外で投げるのとでは、ぜんぜん感覚が変わってきます。やっぱり世界に視野を広げることですね。

もうひとつ、偉い人は、大事なことをえらく単純化して言うものです。単純に深いことを言う。その単純な言葉をいかに咀嚼できるか、これはその人の質に関わってきます。これがまた大事なポイント。自分を過信せず、いまの自分のレベルを客観的に把握していないと。

それが「弟子力」の第一歩。

やはり、師匠と弟子の間には、大きな壁があるわけです。例えばピカソの弟子たちは、ピカソにどれだけせまれたか。なかなか二代三代と続いて、名人達人が現れることは稀ですよ。天才は神様の気まぐれで生まれるわけですから。

私が高松先生のあとを継げたのも、神様のいたずらだったと思っていますから。私が高松先生に出会えて、弟子入りできたのは、非常に幸運だったと思っています。

いわゆる「神韻武導《しんいんぶどう》」です。

「武道」ではなく「武導」。「道」だけだと、迷っちゃうでしょ。「導」と書けば、武道も迷わない。「道」と「導」の違いは、「寸《ちょっと》」でしょ。でもこの「寸」が大事なのです。

だって、武道の世界では、その「寸」が生死勝敗を分けるわけですから。「寸」には命がかかっていることを忘れてもらっては困ります。守の字はウ冠に「寸」が隠れているでしょう。もっとも寸の取り方などは、教えれば誰にでもわかるものではないでしょう。最後は結局人の質。人間の質を見極めるのは容易なことではありませんが、幸い私は長生きできて、たくさんの人々に出会い、多くの一流の方々とも交わる機会があったので、だいぶわかるようになってきました。風姿花伝ではないですが花情竹性《かじょうちくせい》ですね。

それで「弟子力」の話に戻るけど、弟子として大事なことは、気立てのいいこと。心根の清い人であることが条件です。そして素直に学ぶこと。

一方で、私は私のコピーになることを弟子たちに望んでいません。そんなことはできっこないし、同じにしようなんていうのは、そもそも失礼なことです。

一子相伝 → 一刀萬法 → 万物帰一

武道の世界では、一子相伝といいますよね。私も若い頃はそういうものだと思っていましたが、長年弟子を指導しているうちに、一子相伝ではどうもうまくないな、と気づき、一子相伝から、一刀萬法《いっとうばんぽう》へ。一刀萬法から万物帰一《ばんぶつきいつ》に行きついたわけです。

そこからもっと進化すると「神韻武導」へ。人間の意識、自分の意識で伝えていくものじゃないってことです。自然が大事。大自然の超越いわば宇宙の意思ですよ。

それは時代の流れによっても違うでしょう。時代というのは季節です。作物が育つのも季節によって違うでしょ。

私の武道が世界的に広まっていったのも、ちょうど世界に種をまく季節に私が生まれたからなんだと思います。これが肝心です。神心という字変です。

武道の世界では、「位取り」って言いますよね。それを自分で自覚しないと。

私が世界を回り出したのは、1982年から。テロも少なく、ちょうどいい時期でしたよね。そうして25年間世界を回り、各地が穏やかでなくなってきた頃には、世界中から人が集まってくるようになったわけで。

「月かげの　いたらぬ里は　なけれども　ながむる人の心にぞすむ」

という法然の歌があるけれど、眺める人の自然を見る目の感受性によって、変わってくるから。こうしたことを悟った時期ですか？　風と共に去りぬです。

時期というのは一瞬ですから。何年間修行しても、何十年修行しても、私は時期というのは一瞬だと考えています。森羅万象、万物から考えれば、人の人生なんて一瞬ですよ。だから私も年齢を忘れて、いまでも稽古できるんですよ。

先日も、NHKのBS番組（「いま忍者 初見良昭八四歳」2016年7月7日放映）の取材がありましたが、撮影監督から、「どう見ても84歳（当時）の動きではない」と言われましたよ。

それはやっぱり私が動いているんじゃないからです。「神韻武導」なんです。

日本の武道家の中で、私と同じ歳で、いまでも道場に出て、弟子たちに実際に稽古をつけている先生って何人います？　おそらく稀でしょう。

私の場合、年齢なんて一瞬の中に包まれていると思っているので、歳なんて考えてやってませんから。

でもだからこそ節目節目は大切です。武道を学んでいるのなら、初段なら初段、二段なら二段、といった具合に、それぞれの段階で、その資格にふさわしい弟子力を身につけていけばいいんです。


よく聞かれることですが、武神館の最高段位は十五段です。なぜ十五段かというと、昔の侍は15歳で元服、成人になったからです。つまり、十五段＝道を究めたというのではなく「十五段から大人扱いしていくよ」とそんな意味なのです。そういう意味では、初段なんてまだまだ子供の遊びみたいなものですよ（笑）。高段者になったからって、偉くなってはダメです。

それが自然でしょ。宗家のワタシは段位なんてゼロ。無刀捕ですよ。

（初見先生は、柔道五段、空手八段、抜刀道十段、他、他流派の段位は多数お持ちになっている）

すべて無です。戦わない、金は要らない、モノはいらない……。併し無元《むげん》の軌道が授かってくるのですね。すべて輝き黄金力に包まれてくるのです。武源《ぶげん》の大光明なのです。

修行人生には節目がある

とはいえ、私だって最初からこうした境地だったわけではなく、はじめは「武道の究極を求めよう」という目的だけでした。個人的に、極意を求めて修行していました。

そんな私の修行人生も、振り返ってみると42年がひとつの周期になっているんです。第一期は42歳の時。この年、師匠の高松先生がお亡くなりになりました。そして42年の第二期は84歳。高松先生から教わったことを、去年、ようやく一通り弟子たちに伝えきりました。いまは第三期に入っているわけです。

第一期、つまり高松先生の訃報に接したときも、私はこれからのことを特に考えたりはしませんでした。高松先生のご生前もお亡くなりになったあとも、自分の修行のリズムは変えていません。

高松先生に入門して、先生がお亡くなりになるまでちょうど15年間、毎週、夜行電車で千葉の野田から奈良の橿原まで稽古に通っていましたが、その橿原通いがなくなっただけです。その前から、野田で自分の道場を開いていて、弟子も通ってきていましたから。

私の弟子にもいろいろな人がいましたよ。筋がいい者もいれば、そうでない者もいる。でも人の顔が一人ひとり違うように、みんな違っていいんですよ。まさに十人十色。体形も違えば体質も違って当たり前です。

よく、十怪十傑っていいますよね。

真田十勇士もそうですし、釈迦の十大弟子なども有名でしょ。一子相伝ではなく、9～10人ぐらいの高弟が、分割して師匠の教えを引き継げばいいんですよ。その一人ひとりが、〝自分は1／9、1／10だ〟と思っていれば間違いないわけです。十戒ならず十解です。

人間の意識も、顕在意識が1、潜在意識が9で、1：9なんですから、そんな割合だと思っていればよくって、修行するうえでも潜在意識の9が、とっても重要なのです。

ところが、多くの修行者は、顕在意識だけで修行してしまうんです。能力や身体とか、自分でわかることだけで修行するわけだけど、そうではなく、潜在意識が大事なんです。なんといっても9割は潜在意識なんですから。それがわかると武道の九字がわかってきて、遠当ての術などがわかってきたりするんです。潜在意識を修行して洗在意識に浄化していくのです。

知的なものでやっても武道はわかりません。科学的に数値化、データ化して武道を語るなんて愚の骨頂。私に言わせれば、単なる自己満足でしかありません。

潜在意識を鍛えることが、武道の稽古になるわけですが、潜在意識は表現できない。だから無刀捕なんです。浄化された意識となりますね。

当然、無に至るのは容易ではありません。だからこそ、無にはなれなくても、無とコンタクトできるようになることを目指さないと。

どちらかというと、有形、形のあるもの、目に見えるものに囚われて、執着しがちでしょ。そうではなく、無に執着する方向に進むことが肝心です。結局、無刀捕の暖寒がわかってくるのです。零度、0度、プラス・マイナス。現在道場では無刀捕のコントロール、大自然の超越の境地を稽古指導しています。

武神館で教えているものは「生きのびる術」

とはいえ、私だって高松先生のところに通っていた頃は、そんなことも考えず、ただ夢中だっただけ。こんなことが言えるようになったのも、85歳を越えて、修行の第三期に入ってからですよ。だから長生きしなければダメなんです。逆に言えば、私の話は老人の戯言だと思って聞いてください。ハッハッハッハッハッハ！

武神館で教えているのも、言ってみれば生きのびる術ですから。息伸導です。

かつて湾岸戦争やその他の危険なミッションで、どういう軍人の生還率が高いのかをペンタゴン（米国防総省）が調べたことがあるんです。そうしたら、武神館で学んだ兵士の生還率が突出して高いことがわかり、ペンタゴンから感謝状をもらったことがあるぐらいで。何が違うかって言ったら、この息伸稽古をしたか、していないかの差ではないのかな。

ひと口に潜在意識と言っても、いろいろな潜在意識があるんですよ。

「閃き」と書く「〃閃〃在意識」もあれば、予知という「〃先〃在意識」もある。予知という先在意識、了知意識。常識に囚われてしまうと、心理学的な「潜在意識」に限られてしまうけど、「せん」にはいろいろな字を当てはめないと。こういうことは、大学でも教えないでしょ。戦財意識とでも言えるのかな。

私はアメリカのモアパーク大学の犯罪学の名誉教授になっているけど、こういうことを他に教えられる人がいないからだろうね。

何が怖いって、人間の常識です。教育というのは非常に怖い。教育が恐ろしいと考える人って、あんまりいないんじゃないですか。東大を卒業しても、司法試験に合格しても、仕事に就けなかったり、年収が低い人だって珍しくない時代でしょ。

私はあまり勉強が得意でなかったのがよかったのかな（笑）。勉強ができる人は、知的常識者になりやすいから。頭でっかちの人は、顕在意識が1／10だということがわからないんですよ。意識に壁がある。

生い立ちや環境もあるでしょうね。私は1931年生まれですから、14歳の時に終戦を迎えました。敗戦で日本はどん底になり、そこから立ち直ってくるさまを目の当たりにしてきたわけですし。

ただ、そうした中で、私自身はボーダーラインを持っていなかったんです。国境も結界も持っていなかったってこと。結界にはルールがあるけど、そうしたルールやマナーまではなくしていませんよ。でも、そういうものを自然に超えることができたんですよ。

外国に行っても、「アイ・アム・ノー・ジャパン、アイ・アム・ノー・カントリー」と言って稽古をつけてやると、向こうの人にも受け入れられて、どんどん友達になれるんです。

とくにアメリカなんかでも、差別社会が根強いところもあるでしょう。だから「アイ・アム・ユーホー」なんて言ってね。映画「猿の惑星」の猿は、人種の原点ですよね。猿のルーツは三色、白、黒、黄。

まあ、「猿の惑星」の話は、ウソかホントかわからないけど（笑）。でも、ウソは一番面白いでしょ。オンナにウソをつかれても、「そんなもんだ」と思っていれば、男女関係も上手くいくんです。真剣になっちゃうと大変なんで、無になればいいんですよ。

だって、男なんて本能第一の馬鹿なんですから。最初からそのようにできているんです。男は馬鹿なんだから方便は大事だね。そういう男の本質を知っている女もいないけどね。

男の本質をよく知っているのは、傾城の美女だけですよ。

やっぱり、男と女でも無邪気になっているときほど、美しいんです。そこに煩悩が入ると結界の掟が騒がしくなるのですね。壁を作るとね。

美学、備学、微学。武道家は「虚実文字」

そういうのを超越できるようになるのは、私の歳になってからですよ。この歳になって、はじめて女と遊べるようになるんです。だから皆さんも長生きしてくれないと。そして年寄りは無邪気になること。

稽古だって、無邪気さを忘れてはいけません。チャンバラをやっているときは無邪気なのに、何か決め事を作って神々しさを求めすぎるのもよくないことです。

無邪気というのは、ゆとりがあることだから。ゆとりがなければダメですよ。生活に困ったり、時間に困ったり……。いまの日本は無邪気になれない環境で、息苦しいでしょ。女性のお尻にちょっとでも触れたりしたら、「セクハラだ」なんて、大変なことになっちゃうでしょ。前を触って「マンハラ」だっていうのなら大問題だけどさ（笑）。そんなことを言ったら武道の道場には入れませんよ。

私の道場の稽古を見てくださいよ。世界中から集まってきた弟子たちが、みんな笑顔で稽古しているでしょ。とくに凄い技を披露すると、みんな笑ってしまいます。それは、何か真理がわかってきた証拠なんです。

無邪気はゆとりなんだけど、ゆとりだけだと馬鹿になっちゃう、間抜けになっちゃう……。でも、上達するのが武道なんです。

このように絶えず、虚実がつながっているということが要諦なんです。言葉にも裏表があるでしょ。大意は同じでも、ちょっとずつズレていくとか。そうした変化の美学を武道家は大事にしないと。虚実転換です。

美学と言っても、備学もあれば、微学もあって、秘学もある。「秘学」なんかは、「秘すれば花」につながるでしょ。セクハラと秘すれば花も紙一重なところがあるわけで。

〃無〃の概念なんて、日本人にも難しいけど、外国人の弟子たちも、じつは求めているんです。やはり物質文明であればあるほど、〃無〃の大事さがわかってくるのでしょう。

私の弟子には現役の軍人が多いでしょ。彼らは戦場で見ているわけですよ。戦争になれば、何もかもなくなってしまうことを！　形あるものだけでなく、命だってなくなっていくわけですから、外国の軍人たちの方が、むしろ〃無〃についてわかっていますよ。何しろたくさんの〃無〃を見てきているからね。

だから「無常」と「無」は同じです。そこに武神（無心）をかけて、「無刀捕」に結ぶと86年目に入るのです。

私の話は、こうして「音」を集めて語っていくのが特徴なんです。だから話すよりも、活字にした方がよく伝わります。「字」が「絵」になりますからね。

日本の漢字の素晴らしさはそこですよ。

そこにいち早く気が付いたのは、夏目漱石。彼のは、変体仮名、変体文字というけれど、私のは「虚実文字《きょじつもじ》」です。「ヘンタイ」というと、「変態」が思い浮かんで、何かヘンでしょ（笑）。文豪・夏目漱石の揚げ足を取るわけじゃないけれど、彼が変体文字で面白くするなら、武道家は虚実文字で面白くして、彼と同等にならないと。

初見良昭先生の『一答良談《いっとうりょうだん》』

○作麼生《そもさん》「知人が末期癌です」

家族ぐるみでお付き合いしているご家庭の40代前半の奥さんが、突然、末期の癌だということが判明しました。どう接して、どんな支援をしていけばいいのでしょうか……。

（千葉県　男性　40代）

○説破《せっぱ》「平常心で、これまでどおりで接すること」

気の毒にね。でもご本人が自分で解決することだよ。まわりの方が右往左往しがちだろうけど、一番いいのは、これまでどおり普通に接することですよ。薄情なようだけど。薄情というのは、「広い心」という意味もあるんだよ。

けっきょく、人間というのは死ぬのが早いか遅いかの違いでしかないんだから。何か神仏の加護、自然の加護があればいいんだろうけど……。

末期の癌と診断された方でも、癌が消えて、元気になったという人も少なからずいるからね。最後まであきらめないことですよ。

人一倍パワフルな方が、癌を患ったりするケースもよくあるし、血統的に癌になりやすい家系というのも確かにあります。併し忍法では、最後まで忍んで生きよ、貫忍成寿《かんにんせいじゅ》という言葉があります。

人の命より不思議なものはないからね。

私がこの歳まで、好きな稽古ができて、言いたいことが言えているのも、考えてみれば不思議なもんです。やはり何かの天命なんでしょう。神韻ですね。マタイ伝にも「最後まで忍耐するものの魂は救われる」（マタイ伝24章）という一節があります。

武道家は、不動心が大事だと言いますが、有名な薩摩の示現流に斬る気合があるけれど、あれなどは、相手に突っ込んでいくときの恐怖の声、「怖動心《ふどうしん》」と聞いてもいいんだよね。これは人間の共通声なんだろうね。

その癌になった奥さんにも、神仏の加護があって、奇跡を呼び込めるといいんだけど、私も奥さんがよくなるように祈ります。私はこの頃、貫忍独尊《かんにんどくそん》と言っています。釈迦の天上天下唯我独尊のルーツでしょうね。

Q2

「先生の仰る〝虚実文字〟とはなんでしょう?」

初見先生は、同じ読み方でも、違う漢字を当てはめて、通常と違う解釈、あるいは本質をずばりと突く、達人ならではの表現をよくされる。同様に、会話であっても、虚から実へ、実から虚へ、虚実転換が自由自在であることも知られている。

それにしても、文字がコロコロ入れ替わり、その意味も千変万化していく「虚実文字」の世界は、武道の境地を示す、重要なヒントになっているのでは?

では改めて〝虚実文字〟とはなんなのだろうか?

A2

初見先生のお答え

「虚実に変化し、つなぎ、つなげる言葉」

日本語には漢字がありますからね。漢字があるから「虚実文字」も成り立つわけで、漢字があるのは、武道の要諦を伝えるのに、大変便利です。

漢字はたった一文字でも、いろいろな音を持っていますし、いろいろ聞こえてきますし、図形として、見えてきます。

前回語った「神韻武導」も、「武道」ではなく「武導」へという「虚実文字」の一例です。「道」と「導」、違いは「寸」のあるなし。まさに「一寸《ちょっと》」の差ですが、武道ではその一寸が生死を分かつ。また一寸は、一寸法師にも、つながっていくんですよ。一寸法師は、わずか一寸の身体で、機転を利かし、勇気を持って、大きな鬼を退治する兵《つわもの》です。一方で、一寸ではなく三寸になると、「臍下三寸（陰部・下半身）に人格なし」なんて言葉もあるけど、武道家にとって、臍下三寸といえば、「丹田」ですよね。さらに、三寸は「三心の形」にもつながっていて、とっても重要。

そもそも、「臍」は、あの世とこの世をつなぐもの。お釈迦様の蜘蛛の糸です。こうして会話が広がっていく。これも「虚実文字」の応用ですよ。

文章もそうですよ。一つの言葉が、新たなことを連想させ、次から次へ変化していく、いわばウェーブ。この波形は心電図と同じで、生きている証しといってもいいでしょう。

海外の弟子の前でも、いつも同じような感じで、私は話をしておりますが、武神館の言葉、私の言葉は、世界語なんですよ。

実際、通訳を通さなくても、私がポンと発した一言が直接弟子たちに通じていることが多々ありますから。おそらく、潜在意識で直接感じるものがあるのでしょう。もともと知的な弟子が多いことも、見逃せない点かもしれません。

現在、私の弟子の8割は外国人で、その中には軍人、捜査機関、警察官なども多数いますが、昨今は医者、実業家、芸術家など、経済的にゆとりがある人も増えてきました。

ゆとりがない人は、欲というか、自分の悪いものが表に出るので、なかなか大成することがありません……。

だいたい、いまの日本人は余裕がなさすぎるんですよ。武道に興味がないんでしょ。とくに戦後の日本の知識階級は、暴力は悪いことだと思い込んでいる節がありますからね。

先日、NHKのBSで私のことを取り上げた番組が放映されましたが、戦後71年たって、ようやく武道や忍術に目を向けるようになったのかなと。撮影のために、私を1年間も追いかけて、1時間の番組を放映したわけですが、こんなことって、戦後初めてではないですか?

有難いことですが、製作者も監督さんも、まずは自分の常識を真っ先に出してきますから。でもそれでは、本当の武道の番組は作れませんよ。顕在意識で見るのではなく、潜在意識に従わないと……。もっともそれが難しいらしく、彼らも苦労していたようですけど(笑)。

初見先生の肩書は？

海外でも、私の本が10冊近く出ていて、どれもベストセラーになっていますが、武道・武術界に限らず、一般の人にも受け入れられて欲しいんですね。私自身も「武道家　初見良昭」でなくてもいいのです。忍者でもなく、宗教家でもないし、何にも肩書がない、何にも属していない立場、それが理想ですよ。

えっ、私の肩書は「達人」でいいですって？

〝たつじん〟って、どこが〝勃つ〟んですか？（笑）。

笑いって、大事ですから。

だから、武道家や忍者だって先入観から離れて欲しいわけです。みんな肩書に縛られ過ぎているんですよ。

どこにでも、〝無〟の人間、立派な人はいて、いるんだけど見落としているのではないでしょうか。市井のおばちゃんの中にもきっといるはずです。おばちゃんだって、近所のおじいさんだって、一番身近な親だって、非常に価値のあることを言うことがあるでしょ。そういうのを聞きもらさずに拾っていくことも、とっても大事なのではないですか。

こういうのは感性の問題ですが、例えば私だけ感性が鋭くたってダメなのです。みんなの感性が高まって、はじめていいハーモニーになるわけですから。

アメリカ国防総省の調査で３０００人の武神館の門下生が危険なミッションから生還したとして、感謝状をいただいたことがありますが、その弟子たちが感性を磨いたから生還できたのかと問われると、それは私にもわかりません。

人には、もって生まれた星回りというのがあるでしょうから……。かわいそうだけど、はじめから運が悪いという人もいるでしょ。やっぱり運というのはあるんですよ。

だから、神に導かれるような人となりにならないと。そうなれるように、私は弟子たちを修行させているつもりです。

そのためのコツは、ずばり〝無〟になることです。お釈迦様の蜘蛛の糸じゃないけれど、無になれば窮地から脱することも可能になるし、反対に雑念があると、せっかくの蜘蛛の糸も途切れてしまって、助かる道も閉じてしまう。

私の言う神とは自然、ナチュラルです。自然の意識ですね。

みんな生きているんです。何らかの形でみんな生きている。それがお互いに結ばれて、構成されているんですよ、我々は。

生きているということは、みんな何か意味があって生かされているんです。そう思った方がいいと思いませんか。

人間誰もが理由があって生まれてきた。それを大事にして生きないと。そのために修行が必要なんです。苦労が欠かせないわけですよ。

生きていればいいことばかりではないんです。裏切りなんか典型的ですよね。むかしの侍なんて、裏切りで命を落とすことが多かったわけですから。刀槍の術に長けていても、同盟を結んでいたはずの武将に裏切られたり、身内や腹心の部下に裏切られて滅んだ例はたくさんあります。夫婦だってそうだし、親子だって、兄弟だって裏切ることがあるような社会の中で、彼らは生き方を会得していったはずなんです。

だから剣や武芸だけでなく、日常生活が鍛錬の場そのものでないと。

私だって、自分の奥さんの介護に追われて、正直時間がとれません。悪いことだってできないし（笑）。

でも、自分の思いどおりにならなかったり、不自由を感じても嘆いたりしてはいけません。偉い人というのは、みんなそういう経験をしているもんですよ。南アフリカの大統領だったネルソン・マンデラさんなんて、27年も刑務所で過ごしていたんだから。

だから、自分の時間がとれない、不自由だと感じたときは、監獄にでも入っていると思えばいいんですよ。はっはっはっは。

むかしから、牢屋に入るのが一番修行になるって言いますから。例えば作家のオー・ヘンリーや宗教家でも、塀の中での生活を通して、大成した人は大勢います。

自分の星との向き合い方

生まれつき星回りが悪い人だってあきらめてはダメです。人の星回りは修行で変えられるんですから。これははっきり言い切れます。

大事なことは、いい星回りの人とお付き合いすること。変な人と付き合ったり、話しをしたりすると、〝流れ星〟になっちゃいますからね。

もっと言えば、修行というのは、そうしたいい人、いい星と出会うためのものなんですよ。これが一番肝心なこと。もともと悪い星を持っていたとしても、修行を積んで、自分がいい星になっていけば、悪い星が逃げていくし、避けていくんですよ。

それが武道の修行の真髄です。武道の修行では、最初は体術や形稽古からはじまりますが、やがてそれが空間に透明化されていくわけです。

私が高松（壽嗣《としつぐ》）先生に教わったのもそうしたことでした。

高松先生は、武道・武術だけでなく、宗教的なことについても深く学ばれていた方でしたから。その分野の貴重な古文書などもたくさんお持ちで、熱心に研究されていましたし。高松先生は熊野行者坐主で大阿闍梨でしたし、私も大僧正になっていますが、でも坊主には染まらない。髪は紫に染めているけど、紫の袈裟なんて着ていないし。わっはっはっは（笑）。

煩悩を消すために、知識を消すために、アタマを紫に染めているんですよ。

高松先生から教わった大事なことのひとつは、忍術＝忍ぶということ。すなわち、我慢するということ。世の中、忍耐することができないと、生きてはいけないでしょ。寒い日だって、我慢しなきゃいけないしね。

それと同じようなものですよ。苦労があったって、寒い日に寒さを我慢するのと同じような感覚で、虚実転換すればいいんです。

若いうちだけではないですよ。私だって、いまも辛いことと向き合って生活しているんですから。（妻の）介護だって楽ではないし。

ただ、高松先生のもとでの修行時代には、辛かったことなんてありませんでした。道場とか、武道においては、辛いと思ったことは一度もないんですよ。

ぶん投げられても、痛い技をかけられても、辛く感じたことなんてないし……。私は武道の修行に向いていたんでしょう。稽古をしていて、「もう嫌だ」なんて思ったことは、この歳になるまで、いっぺんもなかったね。

そんな私でも、人間関係では嫌な思いをしたことはありますよ。けれど、武道で嫌になったのは皆無です。

武道が好きとか嫌いとかいうのではなく、それが私の持って生まれた星だったのかな。

整骨院時代の著者、29歳の頃。

努力は三倍。毎週ヨーロッパを往復する感覚

もちろん、努力はしましたよ。精神的にも人の三倍、肉体的にも人の三倍、物質的にも三倍、3×3＝9倍です。それに耐えられたから、今があるんです。

ある古流の武道の先生に学んでいたときなんて、その師匠に一ヶ月に50万円も払って、3年間、自宅に招いて教わっていたんですよ。

高松先生は、教費の類を一銭も受け取りになりませんでしたが、私は15年間、毎週夜行列車で奈良県まで通っていたわけですし。

あの当時、千葉県の野田市から奈良の橿原まで行くには、いまでいえば、成田からヨーロッパまで行くのと同じ時間がかかったんです。つまり、毎週ヨーロッパまで稽古に通うような感覚だと思ってください。

当時、整骨院も開業していたので、私が奈良に行けるのは日曜日だけ。なので、毎週土曜日の夜、夜行列車で橿原に行き、日曜日の昼間、高松先生と稽古をして、日曜日の夜、上りの夜行列車で帰京。月曜の朝から、整骨院で仕事……。そんな生活を送っていました。

自慢じゃないけれど、その整骨院だって、地元では一番流行っていましたから。

私はありがたいことに、これまでお金に不自由したことがないんです……。

Q3

「修業時代のお話を伺わせてください」

高松壽嗣先生がご存命の間、15年間にわたり、毎週末、片道12時間以上の時間をかけて、千葉県野田市から、奈良県の橿原まで通われていた初見先生。

いつも香を薫じていると、いつの間にか、その部屋やそこにいる人にまで、香りが移るように、すぐれた師匠のそばで学んでいると、気がつかないうちに、師匠の精神や行いが弟子の心の奥底まで影響を与え、やがて弟子は師匠に似てくる。

仏教では、このことを「熏習《くんじゅう》」と言う。

初見先生が、高松先生から「熏習」されたのはどういったところなのか。

その一端を知るべく、初見先生の修行時代のエピソードを、少しだけ披露していただけないか、お願いしてみた。

A3

初見先生のお答え

「高松先生から生き方の〝原点〟を教わりました」

私の橿原での修行時代の話ですか？　いいですよ。

千葉の野田市から、奈良県の橿原までは、いまだって新幹線で京都へ出て、近鉄特急を使っても、だいたい5時間はかかります。あの頃は、夜行列車で12時間以上。成田から飛行機で、ヨーロッパの主要都市に行けちゃうぐらい遠かったんです。

その頃は、野田から真槍を持って、汽車に乗ることもあったんですが、咎められたことはなかったな。大らかな時代だったし、誰も真槍だとは思わなかったのでしょう（笑）。

でも、橿原の稽古で使ったのは、いつも真剣と木剣でした。真剣と木剣は高松先生の持ち物をお借りして、稽古の時は、高松先生がいつも真剣、私が木剣で稽古をつけていただいたものです。


稽古はいつも屋外で、橿原神宮の境内でやることが多かったですね。屋内の道場で高松先生に教わったのは、15年間で2回ぐらいしかありません。

稽古は、基本的に先生と私の一対一。

ときどき、他流試合もありましたし、他流の高段者が高松先生に「教わりたい」とやってくることもありました。

例えば、名前は言えないけど、某流派の高段者でけっこう名のある先生が、「今度、アメリカに渡って、武道の指導をすることになったので、身体が大きく、力が強い外国人に負けない方法を教えてほしい」とやってきたこともありましたよ。

そんなとき、高松先生は「初見、お前が相手をしなさい」と。

それでは、と立ち会ってみると、先方は高段者といっても年寄りなので、簡単に投げ飛ばせちゃったんですよ。

「あれ、まずかったかな?」と思っていたら、「うん、それでいい」と。

「あの先生も、お前に苦も無く投げられたことがわかったはずだから、これでもうアメリカに行っても、外人と実戦でやろうなんて気にはならないだろう。それでいいのや」ってね(笑)。

えっ、私の対応の仕方が、高松先生にそっくりじゃないかって?

そりゃそうですよ、弟子なんですから。

はっはっはっは(笑)。


高松先生の教え方も、その日その日でいつも違っていましたし。せっかく橿原まで出かけて行っても、何も教えてくれない日だってありました。

「(いまの)お前に教えてもダメだ」という時期だったのでしょう。

その足りないものは、自分で埋めないと。それに気付けば、また稽古をつけてくださいました。

ありがたいですね、師というものは。


ありがたいといえば、夜行列車で橿原に着くと、毎回、ビフテキを用意してくださっていました。

近江牛の本場が近かったので、そのいい肉を用意してくださるんですよ、しかもコースで。

そして必ずお酒のお銚子が2本つきます。

師匠の前で、お酒なんて飲めませんでしたから、そのお銚子に手を付けたことは15年間一度もありません。

自慢じゃないけど、それが自然だったんですよ。

高松先生のもとに入門してから、免許皆伝をいただいて、先生がお亡くなりになるまで、一度も師弟で酒を酌み交わしたことはなかったですね。


先生の前でお酒を飲んだのは、高松先生が逝去されて、お浄めでいただいたときだけです。

訃報は千葉の自宅で聞きましたが、遺言のようなものはとくにありませんでした。

その代わり、生前から、「これでは日本はダメになる。だからこうしなさい」といった話や資料はたくさんいただいていましたから。

先生の訃報を聞いて、すぐに橿原に飛んでいきましたけど、もう1年ぐらい前から、この日が来るのはわかっていましたし。

高松先生は、健康法や医学、薬のことにも精通されておられました。だから、ご自分の身体のこともわかっていましたし、私もたくさん教わりました。

今度、そうした秘法をまとめた本をロンドンで出版することになっているんですよ。私は、英国王立医学協会名誉会員にもなっていますから。古《いにしえ》から伝わる自然医学についての一冊です。これも全部高松先生に教えていただいた内容です。

稽古中はメモも禁止、という指導者もいるそうですが、高松先生の稽古では、メモもＯＫでしたし、先生がお書きになった各種の資料もたくさんいただいております。

高松先生は、教え方も上手でしたし、理に適ったことを伝えてくださる方でした。

なによりの財産は、高松先生から〝原点〟、生き方の原点を教われたことです。

それは言葉で伝えられたものではなく、生き方の潜在意識であって、生き方の知識、情報ではありません。

具体的には語りませんが、その生き方の原点には、九つの要素があって、ちょうど「九字を切る」こととリンクしています。だから願いがかなうのです。

常識ではなく、知識ではなく、閃在《せんざい》意識。忍者は閃潜在《せんせんざい》意識で九字を切るんです。

技は、教えた内容の半分できればいい

高松先生からは、本当にたくさんのことを教わりました。でも、1回ごとに教わる量やボリュームはとくに決まっているわけではなく、私の理解度に合わせて、上手に導いてくださったのでしょう。

また、私が入門したとき、高松先生はすでに70歳でしたから、きっと若い頃より忍耐強くなっていたのではないですかね。私のような馬鹿な弟子にも忍耐強く接してくださったのですからただただ感謝です。

いま武神館で教えていることも、高松先生に教わったことですし、指導方法も高松先生譲りのやり方です。

高段者向けの稽古では、私が技をやってみせて、あとは弟子たちに「はい、やってみて」とやらせることもありますが、やる内容も稽古の進め方も、その日によって違います。高松先生の稽古と一緒ですよ。

ただし、丁寧に説明するようなことはしていません。

私のやってみせた技を見て、あとは弟子たちがそれぞれ自分たちなりの技を試していけばいいんです。私のやった技と違う動きをしていても、一々口を出したり、手直しすることもないですね。教えたって、全部私の教えたとおりに動く人なんていませんから。

大体、教えたうちの半分できていれば上出来ですよ。同じ形でも、半分できればかなりいい。野球だって3割バッターなら、すごく優秀な選手でしょ。私が教えたうち、その場ですぐに3割でも体現できたら、上々ですね。

ひとつがダメなら全部ダメになってしまうのが武道でしょ。だから全体の動きを追うのではなく、本質を掴む稽古をしないと。

ただ、時代の違いは感じています。

私は高松先生から15年ですべてのことを教わりましたが、それを弟子たちに伝えるのには42年

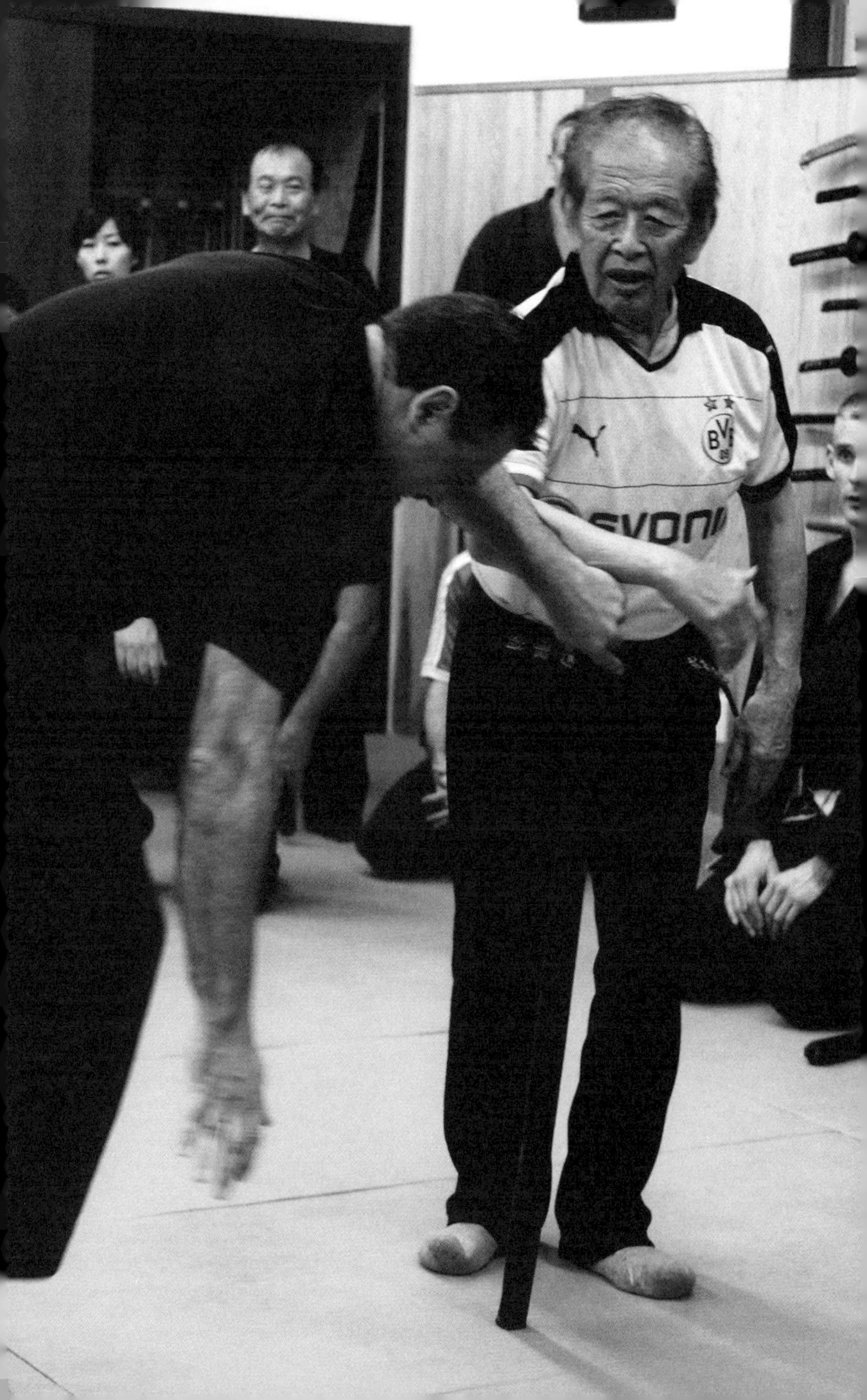

かかりました。

高松先生との稽古では、先生は木剣ではなくいつも真剣を使ってご指導してくださいましたが、いまの時代、それはちょっと難しいでしょ。

たしかに危険ですよ。本当はそれが当たり前なんですけどね、武道家は。

そういうのが怖かったり、怪我をするようだったら、武道の修行なんてやらない方がいいんです。

ウチの道場（武神館）だって、怪我が心配だとか、保険や保証が云々という奴は、「はじめから入るな」と言ってますから。

だからといって、武神館の入門条件は、別段厳しくなんてありません。人種も国籍も年齢、経歴、男女も問いません。

ただ、テロリストかどうかだけは見極めますけど。これは時代に応じて対応しないとね。武神館には世界中からいろいろな人がやってきますから。

もっとも、心根が悪い奴は（修行が）続きませんけどね。なので、道場を訪れた人の人相、骨柄を見て、いちいち人定めなんてことはしませんよ。これも捨身ですよ。

どっちにしろ、稽古をしていれば、本物しか残らないし、心根の悪い奴は淘汰されていくだけです。

初見良昭先生の『一答良談』

○作麼生「テロに遭ったらどうしますか？」

初見先生は世界各国の対テロリスト特殊部隊にも長年ご指導されてきたわけですが、例えば、２０１６年６月にアメリカのフロリダのナイトクラブで、50人が死亡した、米国史上最悪の大規模な無差別銃乱射事件などの現場に巻き込まれたら、どう対応すればいいのでしょうか。

○説破「なるようにしか、ならないでしょ」

なるようにしかならないでしょ。

私がその場にいたらどうするかですって？ 撃たれて死んでるんじゃないですか。その場の状況次第ですから、考えるだけ無駄ですし、そうしたことは考えないようにしています。

ただ、いつどこで、テロに巻き込まれてもおかしくはない現実があるわけですから、それは意識しておく必要がありますね。

そういえば、昔こんなことがありました。

私がアメリカの特殊な情報機関に招かれ、指導に行ったとき、いきなりピストルを向けられたことがあったんです。

そのとき、私がどうしたか？

パッと両手を上げました。すると「いままで、こんな対応をする武道家は一人もいませんでした」と諜報部員たちが感心してくれましたよ。

これまでそこを訪れた武道家たちにも、全部同じように試したそうですが、彼らはピストルを奪おうとしたり、モノを投げようとしたりして……。それが通用するシチュエーションではないのにね。

私は、ごく自然に対応できたから感動されたんです。

武道家だからって、なにか自分を出してやろう、技を出してやろうとしちゃダメなんです。とっさのときほど無にならないと。無になって的をなくすことで、活路が開けてくるんです。

未熟な自我なんて、何の役にも立たないんですから。

私はピストルを向けられて、とっさに手を上げましたが、これは武道的にいえば、「抱《ほう》虎《こ》の構え」といって、攻撃の構えにもなっているんです。

だから、ホールドアップではなく、「抱虎の構え」。虎倒流骨法術に伝わる構えです。

そういう意味で、形や技は大事なんです。でも、実戦では形に縛られていると死ぬことになる。

高松先生にも、きちっと形を教わりましたし、武神館でも最初は形から教えますが、やがて形は不要となっていかないと、撃たれておしまいです。

構えだって、城構えを崩すのが兵法なんですから。

形から虚実転換へ。そこまで修行を積んでいくことが大事なんです。

Q4

「初見流の〝捨身〟とは何ですか?」

「とっさのときほど無にならないと。無になって的をなくすことで、活路が開けてくる」と、説く初見先生。

常識が敵、常識が邪魔をする、常識が怖い……と、常識の危うさを強調される。

武道を通して身心自在の境地を目指していたはずなのに、形に囚われ、常識に囚われ、なかなか自由闊達に至れないのは何故なのか。

初見流の「捨身」への道について、手がかりを得られないか、お話を伺ってみた。

初見先生のお答え

A4

「万能ではない自分を認めることから、真の不動心がはじまる」

武道をやるなら、形はきちっとやらないと。よく「型があるから型破り、型がなければ形無し」って言うでしょ。武神館でも、形稽古は重視しています。それをマスターしていく過程で、だんだん形がいらなくなっていき、やがて虚実転換になっていくように修行しないと。

何度も言うけど、形は大事。でも形に囚われて、形の域を脱することができないままという人が、日本の武道家には多いでしょ。

なぜかって？

それは実戦に遭遇していないからですよ。厳しくいえば、未熟者だからです。

でも、そこまで深く考えなくてもいいのかな。

だって、現代における実戦となると、銃を乱射するようなテロまで想定しなければならないんですから。日本の都会にだって通り魔はいるし、田舎にだっているわけですから。

国際的に考えれば、ＩＳ（＝イスラミックステート）でしたっけ？　ああいう過激派組織なども勢力を拡大している現実があるでしょ。

世界最強の軍事力を誇るアメリカ軍でも掃討できないで苦労している。

何かいい方法はないかって、ワタシなんかに聞かれても、わかんないね。


まあ、ひとつ言えるのは、アメリカ軍も制約がネックになっているんでしょ。本当にテロリストを倒すには、もっとバカみたいなことをやらないと。

テロリストは人道なんて持ち合わせていない。その人道のないテロリストに、人道を抱えたまま戦いを挑んでも勝てっこないんですよ。アメリカ軍も、そうした人道や諸々の制約があるから、苦戦を強いられているんでしょ。

だから常識は怖いんです。常識を持っているということは、それだけですでに負けなんですよ。

武道でいえば、自分をよく見せようとするのも負け。

「捨身」って言うでしょ。いざというとき、とっさに「捨身」になれるかどうかが問われているんです。

以前、バスジャック事件（２０００年5月　九州自動車道で起きた西鉄バスジャック事件）の車内に、ワタシがいたら？　なんて質問をされて、「乗客みんなで、脱糞でもしたら」なんて答えたけどね（笑）。

馬鹿げているでしょ。でも、バスジャック自体が常識はずれの馬鹿げた行動なんですから、犯人以上に馬鹿げた対応をするというのも、危機脱出の鍵なんです。

要は、自分で自分を万能だと思ってはダメだということ。

「一刀万刀に変じ、万刀一刀に帰す」という教えがあるとおり、万の技すべてを、身につけることはできないし、その必要もないんです。

万能ではない自分を認めることから、真の不動心がはじまるんです。

不動心、怖動心、浮動心

一般的には、ふどうしん＝「不動心」だけど、ワタシの「虚実文字」でいえば、「怖動心」もある。恐怖、つまりおっかなくって動けなくなることだってあるでしょ。

このように考えることが大事なんです。

その他、「浮動心」もあるし、まだまだいろいろな「ふどうしん」がある。にもかかわらず、「ふどうしん」＝何事にも動じない。何事も怖くない、と思いこんじゃう。でも実際には、「怖動心」もあるわけで。

一方で、「怖い」ということは、生体の防御反応ですから、正常なことですし、あながち悪いわけではないんです。だから、「ふどうしん」ひとつにしても、「不動心」と「怖動心」、そして、負けるが勝ちの「負動心」。最低この三つをワンセットで考えるようにしないと。

どんなことでも、最低3パターンぐらいは分析できるように、絶えず心がけておくのが、修行者のあり方です。

だから武道には「三心の形」があって、地・水・火・風・空の自然の中に万物が生じていることを意識しなければならないのです。

この自然というのが大事でして。「三心」といっても、最初から答えを3パターン用意しておいたのでは、使い物になりません。パッと三つの道が自然に思い浮かぶように訓練しておかないと。

あらかじめ用意しておかないと、三つの道が出てこないのは、能力が低いと言わざるをえません。

だけど、ワタシだって若い頃から、瞬時に三つの道を得られたわけではありません。

85年の武道人生があったからこそ、いまのようになれたので……。

まあ、言ってみれば、85歳の老人の戯言だと思って聞いてください（笑）。誰だって、歳を取らなければわからないことがたくさんあるんです。ワタシが思うに、歳を取るって、悪いことではないですよ。

だから、弟子たちには、いつも「長生きしろよ」と言っています。

ワタシがこうやって85歳まで生きて、言いたいこと言っていられるのも、考えてみれば不思議なことですよ。

何かの天命なんでしょうね。「神韻」なんですよ、きっと。


さっきもお話ししましたけど、普通の武道家は、「ふどうしん」というと、「不動心」だけだと思っちゃうでしょ。

薩摩の示現流は、「猿叫《えんきょう》」と呼ばれる独特の気合が有名だけど、あれは「怖動心」の表れなんだよ。相手に斬りかかっていくときは誰でも怖い。その時に発する「怖動心」の気合だからね。

でも、西南戦争では「怖動心」で突撃して、明治政府軍に鉄砲で撃たれて死んでしまって……。

だから武士道の教えには虚実が必要だと言っているんです。

武道というのは死ぬための道ではない。何があっても生き抜く道。生死の虚実です。

そのためには、神に気に入られて、導かれないとならない。

どんなピンチになってもあきらめてはダメ。
ケセラセラになることだね。

例えば、癌になってもそれを克服し、元気で暮らしている人もいるでしょ。寿命に関しては、最後は天命なんだろうけど、健康法は工夫しないといけないし、いまこそ先人の知恵を活かさないと。

かつて私も『いま忍者　この知的変身術』（潮文社刊）という本の、「ガンを治す忍者食」の項で、伝書に記されていた胃癌、肝臓癌、乳癌、子宮癌の治療法を紹介しています。今度、英国王立医学協会名誉会員の一人として、イギリスで出版する自然医学の本では、こうした内容をもっと深いところまで詳しく取り上げます。

ただ、伝書が書かれた時代と、現代ではそもそもの食生活が違うから、そこだけは擦り合せが必要ですね。

ワタシは「食は生薬」だと考えていますし、籠城食はそのまま美容食にもなります。いまのお医者さんは、コンピュータのモニターばかり見ていて、患者＝人間を診ていない人が多いんじゃないかな。だから病気も病人も生の人間を直接見ないといけないという心掛けも大切ですね。

医者は3割打者のホームラン

そう言いつつ、ワタシ自身も定期的に医者の世話にはなっていますよ。なにせ85歳ですので、あちこちガタがきていてポンコツですから（笑）。

でも、毎日玄米を食べて、この通り元気ですよ。玄米にいろいろな雑穀を混ぜてね。だからと言って菜食主義ではなく、お肉もきちんと食べています。ビフテキなんて、いまでも一度に400グラムぐらいはペロリと平らげます。アメリカでは、1キロ食べたこともありますし。

「老人は肉や脂を食べない方がいい」なんて言う医者もいますけど、何事もバランスですから。ワタシに言わせれば医者だって三振もするし、ホームランを打つこともあるでしょう。全部あるとは限りません。そう言う私も接骨医として30年患者の治療にあたっていたな。

命ほど不思議なものはないんですから。85歳まで生きて、稽古できるということは、ワタシがワタシの招命に従って生きてきた証拠なんでしょう、きっと。

初見良昭先生の『一答良談』

○作麼生「こんなに海外に弟子が出来ると思っていましたか？」

世界中に40万人のお弟子さんがいるという初見先生ですが、1982年にアメリカをはじめ世界各地で武道の実地指導を始めた頃、これだけ海外からお弟子さんが来ることを想像されていたのでしょうか？

○説破「考えもしませんでした」

そんなこと考えもしなかったですね。ワタシは昔から未来《さき》のことなんて考えてはいないんですよ。まったくの無計画。ノープランの行き当たりばったりです。

最初に渡米したときだって、偶然みたいなもんでしたし。

でも、行く先々でいい人に巡り合えて、その人たちがまた次の縁を紹介してくれて……。人と人との縁に身を任せるというか、神ながらの道なんですよ。

これまでけっこう危ない地域、危ない場所にも出かけて行きましたけど、幸いにして、これまで人を一人も殺めないで済んでいますし。そういう意味ではラッキーだったんでしょうな。

武道はスポーツじゃないんですから。

各国の軍隊、対テロリスト特殊部隊などに指導に行くと、そこで待ち受けているのは、「殺しのプロ」ばかりです。みんな実戦経験者で、何人もの人を殺してきた連中で、殺し方が上手い正真正銘のプロフェッショナルばかりです。

でも、相手が本当のプロだったからよかったんです。いちいち手合わせしなくても、コッチができるかできないか、自然に読み取ってくれるので。

逆にいえば、彼らがワタシのいいものを引き出してくれたとも言えるでしょう。

彼らが求めていたものを、ワタシが持っていた。まあ、簡単にいえば相性がよかったってことになりますが。

本当に実戦をやってきた人たちとは、すこぶる相性がいいんですよ。

ニューヨークに行ったときも、空手、合気道、居合、マーシャルアーツなどの高段者と手合わせをしましたけど、かかってくる相手を、近づいてきた途端、コロコロ、コロコロ次から次へ転がしてやりましたので……。まあ、やっつけてしまわなかったのがよかったのでしょう。そうしたら「こんなの初めてだ」って驚いて。

ワタシは海外では忍者として有名だけど、古流九流派の継承者だからね。たまたま忍者ってことになっているだけであってね。

ただ、「忍術というのは武道の最高のものだ」と高松先生は常々おっしゃっておられましたし、世界を巡り歩いてみて、その言葉は本当だったということを実感しております。

Q5
「他の武道と忍術の違いは何ですか？」

１９８２年にニューヨークにわたり、かの地の腕自慢と手合わせをし、「忍術というのは、武道の最高のものだ」という高松先師の教えを実感したという初見先生。

そうした忍術の強みはどこにあるのか。そして、他の武道とはいったい何が違うのか。

初見先生のお答え

A5
「口で説明してもわかりません」

他の武道と忍術の違い？　これは口で説明したってわかりませんよ。

武神館で、私がいま高段者の弟子に教えているのは、まさにタイトルの「無刀捕」なんですよ。この無刀捕も、道場に来て、私の技を見て、実際にやってみない限り、決してわかってはもらえないでしょう。

無刀捕こそ、形があるかと思えばない。ないかと思えばある、玄妙至妙な技ですから。まあ、虚実転換のひとつの極みみたいなものですよ。

私の言っていることだって、今日はイエスでも、明日はノーだったり、そしてまた明後日はイエスだったり、定型はありません。でも、ウソついているわけではなく、全部本当のことしか言いません。

私の言っていることが真実であることは、道場に来て、稽古に参加している人なら、みんな納得できるはずです。

高松先生はどうだったかというと、あの方は無刀捕の神極でしたからね……。

すでにお話しした通り、修行時代、高松先生から叱られたことは一度もありませんでしたし、反対に、ワッと笑っているようなところも拝見したこともありませんでしたが。微笑の方でしたね。それはルーブルでモナリザの画を観ていたときのように、そして天女花《おおやまれんげ》（大山蓮華の別称）に囲まれて微笑む、それが先生のお顔でしたね。

何度も言いますけど、私は運がよかったんだと思います。

どんな分野でも、一角《ひとかど》の人物、大きな仕事を為し得た人というのは、みんな夜空に輝くオーラームーンに包まれたように生きているでしょ。

かわいそうだけど、運がない人はダメと言うけど、運を呼び悪運から消える遁形の術の貫忍が大切ですね。

だから運がない人ほど、修行しなければいけません。もともと運の悪い人だって、正しい修行をすれば、運気は必ず上昇するんですから。

それは、常識的な運と別モノなんだけどね。私は良師との出会いによって運気に乗れ、コントロール生活が身についたのです。

そうした運を身につけるには、何か修行するしかない。

それは武道でなくても、良い人、良い作品、浄化スポットに包まれることです。

それは、信じるものを見つけるとも言い換えられます。

信じるものがある人間は強いですよ。そういうものと出会えるかどうかが、いわば運の分かれ目なんです。何回も申し上げますが、それが私にとっては高松先生との出会いでした。

いまの人類には、かつてのように神仏を貴ぶ気持ちが薄いといわれていますが、獣たちには人間的宗教はありません。

日本人だけが宗教心が薄いとは一言では言えませんし、そんな風に決めつけてしまう方が問題でしょう。どこの国でも宗教心を持っている人はいます。宗教は心の食物と思ってみるのも一興です。

信じるものを持って、運の強い人間になりたいのであれば、青い鳥を見つけることが大変なように、立派な人との出会いを求めることが大切です。そこから「二君に仕えず」、まずそうした日本的意識を持たないことです。万物帰一する。万師一師に帰する。聖雲に包まれることです。

私は弟子によく言うのです、自分の意識で動くことは未熟だと。

私は昔っから、ノーカントリー。世界中どこに行っても、すぐにその国の人と打ち解けることができましたから。

女性、中性、男性、、三界の性徒《せいと》、神韻武導に生きる。

最初の真剣白羽取り

やっぱり、男はオンナに好かれなくっちゃね。これは大事。

女の人に大事なのは、思いやりだろうな。それも正しい思いやり。悪女の深情けは困ったもんでね。

男と生まれたからには、いいオンナに巡り合えなきゃつまらんでしょ。とはいえ、なかなかいいオンナに出くわすことはないですけどね。

ホント、いいオンナが少なくなりましたよ……。ということが時々聞こえてきますが、女性は女性で、「いいオトコが減った」と嘆いているんでしょうけれど。

私は29歳で結婚したんで、身を固めるのは遅い方でした。20代の頃は、なんといっても修行が大変でしたから。若いから、修行の合間に、酒と女のバラードで失敗という男の生物でした。武道の修行に加えて、演出の勉強などもやっていましたし。

いつの時代もそうですが、食えるようになるまでは、オンナになんかかまっていられないでしょ。

それで私も、結婚前に接骨院を始めたんです。もともと柔道（五段）をやっていましたし、中山清先生（日本武道医学創始者）に、柔道整復術を習ってね。〝面白い医学があったもんだ〟と、とても参考になりました。

当時は、この野田市でも最も繁盛していた接骨院だったんですよ。あの時代は、この街で接骨院をやるのに一番いい時代でした。

おかげで私はお金に困ったことがないんです。


子どもの頃もそうでした。初見家は野田市で一番古い家柄で、壬申の乱（６７２年）での一方の武将の家柄で、近江からこの地に流れてきたと聞いています。

というわけで、実家は由緒ある造り酒屋で、大津屋新直という通りの大店でした。私の父親は酒乱で刃物三昧で、それを取り押さえるために、私の武道人生がはじまったんです。お酒を飲んで酔っ払うと、火の見やぐらに登って勝手に半鐘を鳴らしたり、刃物を持って暴れたり……。おかげで、小さいときから真剣白羽取りをやってましたよ。それが私の原点です。

父親は言うなれば真剣型の師匠ということになります。飲まないと神極みたいな父親で、困った人にはすぐ布施をしてましたね。

そんなオヤジでしたが、お金はいくら使っても文句は言われません。少年時代、野球のチームのユニホームも父親がプレゼントしてくれたし、青春時代にバンドを結成したときも、楽器を自由に買ってくれてね、その頃ですよ、高木ブーさんが私のサイドギターをやってくれたりして、私はスティール・ギターを弾いていました。オヤジ自身が、「宵越しの金はもたねぇ」なんて人だったので、楽器を買おうが、野球の道具をチーム分一式買おうが、何にも言われませんでした（笑）。

妾も2人も囲っていて、神楽坂に家が7軒もあって、私にも「大きくなったら2人は妾を持つんだぞ」なんて言ってたし、確かお花さんとおときさんという名でしたね。埼玉にも広大な土地があってね。戦後、全部接収されちゃったけど。

武道は物心ついてすぐに始めてましたね。小学校4年生のときに、沖縄の先生から空手を習い、戦争中は、剣道は当たり前。銃剣道も三段をとって、柔道は講道館に通って五段をとっておりましたよ。

大学は明治大学で柔道部に入って、姿節雄先生に教わりました。明治大学の柔道部には、曽根（康治）さんを始め強い選手がいましたね。神永（昭夫）さんは私の後輩でしたね。

戦後は学生の柔道選手がトルコに試合に行き全敗、それから立川の米軍に柔道を教えに行っているとき、半年ぐらいで米軍人は（柔道の）有段者を投げてしまう。

それで私も考えちゃってね。柔道と実戦感覚？

それをきっかけに、古流の先生を訪ね歩いて。古流もいろいろな先生に習いましたよ。そして最後にたどり着いたのが、高松先生だったわけです。

いま高松先生のお墓は、奈良の橿原にあるんですが、茨城に高松先生の顕彰碑を建ててね。高松先生だけでなく、高松先生の先師、継承した九流派の先達を、一緒にここで祀っています。私の愛馬も、茨城に1500坪の土地があって、そこで飼っています。武士は馬と同居してないとね。馬を飼っている先生もいないでしょ。

そちらにも家があるので、週に数回は、通ってます。

武道家が満州を目指した時代

高松先生の弟子になる前に、ほとんどの武道は経験しました。それもよかったんでしょうな。高松先生の真の武道の前では体が動かなかった。

戦前の武道から空手、柔道、剣道、銃剣道、合気道、それからさまざまな古流に高校時代はボクシングもやりましたよ。

戦後、GHQが武道教育禁止の措置を取っていた頃、カーン博士（日本人最初のボクシング世界チャンピオン、白井義男のコーチ）のジムを覗いたこともあります。野田にあった古流柔術の先生や、武道というものが眼につくと、片っ端から門を叩いたものです。

ご存じの通り、高松先生も中国に10年間いて、天津の日本民國青年武徳会の会長も務められたそうで。

無数の実戦を繰り返すも、全勝し、「蒙古の虎」の異名をとったのは、ご存知でしょう。

高松先生は、ラストエンペラーの叔父さんにかわいがられていましたし、また張作霖の弟とは、義兄弟の間柄でしたから。彼も張作霖爆殺事件で爆死してしまいましたけど。馬賊とも友達になったり、当時の中国には世界中の人が集まっていましたから、これらの人々と試合をしたそうです。ちょっと昔ばなしが長くなってしまったけど、私もようやく、昔ばなしができる年齢になったってことですよ。

宮本武蔵は、晩年、霊巌洞なんて洞窟に籠もって、五輪書を書き上げましたが、武道家の晩年は洞窟に籠もって、というと寒いだろうという人がいますが、むしろ寂しくて、（修業を）暖かいところにして困ったものです。

高松先生が中国から帰国して猫を抱いて坐っていると、中国で蒙古の虎と言われていた高松先生を知る人が、「高松さんも大和の猫になりましたね」と言ったところ、先生は、

「虎より猫の方がよろしおますな。猫は女子に抱かれて安心して眠るで」

と。今日は猫ブームですな。私は世界猫クラブの副会長をやった頃もありました。女房の猫「サブ・オブ・初見」が日本グランプリを3回とったこともありました。

Q6

「無刀捕とは何ですか?」

これまで伺ってきたように、初見先生の武道人生は、42年周期で、次のステージに進んでいる。第一期は、師匠の高松先生がお亡くなりになった42歳まで。第二期は、高松先生から教わったことを、一通り弟子たちに伝えきったという84歳。

そして、第三期に入った現在は、本連載のタイトルでもある「無刀捕」の極意を、弟子たちに体解体得させようと、日々道場に出て、指導に当たられている。

ここでは、本書のタイトルにもなっている「無刀捕」について、お話を伺った。

A6

初見先生のお答え

「相手や自分、技や型をコントロールし、無技無型の命を作る」

無刀捕ね。このところ、私が「無刀捕、無刀捕」と無刀捕を強調するのは、無刀捕の要となる(相手も自分も)コントロールする理合いがわからないと、けっきょく武道そのものがわかったとはいえないからなんですよ。神心神眼、肝心要の空間でのつなぎ結び方、要の生命力。

いくら技の稽古を積んでも、コントロールできなければ無意味なんですよ。技や型の稽古ではなく、技や型をコントロールし、技や型の存在を次々と消して無技無型の命を作る。

強弱勝敗、優勝劣敗がどうのこうのという次元ではないってことです。強弱柔剛あるべからず己を無とする空結び。

私に言わせれば、稽古中に弟子が怪我をするというのは、指導者が未熟な証拠ですよ。自分の意識が強く、いうなれば弱い相手にだけ通じる。

そもそも怪我をさせないこともコントロールで、そのコントロールができないから、怪我をさせてしまうんです。

若いうちは勝負だらけでいいんですが、勝負を超越する懐。

いつも言ってますけど、そうそう名人、達人なんて出てくるもんじゃないんですから。

どんな分野でも最初は無中《むちゅう》だらけでいい、そして無中が武宙《むちゅう》の空間につながる。

それでいいんですよ。

私は自分の道場でも細かく教えようとはしていません。自分のコピーを作る気なんてさらさらないですし。

基本は大事ですが、守・破・離って言うでしょ。ある段階まで達したら、あとは教わる側の問題、各々カラスの勝手でいいと思っています。

守は主、破は葉隠れ、離は理、主葉理独尊の生き方に入る。それが3本足のカラス（八咫烏）の生き方ですから。

修行って難しいもので、本人は目標に向かって、まっすぐ道を進んでいるつもりでも、知らず知らずのうちに、道がずれていくというか、逸れていってしまうことがあるでしょ。それは自我常識によって崩されることを知ること。その時、それを指摘してあげる指導者もいるでしょうが、私は基本的に取り組み方を注意したり、軌道修正を促すようなことは、しないようにしています。なぜなら、大成するか、途中でダメになってしまうかは、最後は本人次第の問題ですから。昔、百歳の老人と対談した時「悟りは、あなたはあなた、私は私です」と言われました……。何でも自分ですよ。人のせいにすることはできないんです。誰が悪いわけでもないですしね。

やっぱり、人ではなく何かの導きがないと大成なんてできません。

例えば、神仏の導きとかね。「為す技を己が力と人の云う、神の導く身と知らずして」と言うでしょう。

神仏の導きを得るためには、神仏の導きがあるような、生活のリズムができるようにならないと。これもコントロール。自分をコントロールする方法を身につけないと。そうすれば、自然にいい方に向かうことができます。それは神韻武導。

反対に、悪い神仏に導かれるような生活をしていると、当然、間違った道に迷い込んでいってしまいますから。そういう時は和留意《わるい》と書いて味わってね。

神仏の話をすると、「海外の弟子はどうなるのか」と聞かれますが、海外の弟子は、それぞれ別々の信仰を持っていますよね。

でも、どんな宗教だって原点は同じですよ。信仰の信《しん》を〝神〟〝深〟〝眞〟〝心〟〝親〟の韻で並

（※）アイルランド共和国軍　北アイルランドの英国からの分離独立を目指すカトリック系住民の反英武力闘争の中心となっている組織。1998年に英国政府との和平合意が成立。

べて聞いてみてもいいですね。

人間なんて、どこに生まれても根っこは同じ。飯食って、クソ垂れて、オンナを抱いて、そのことの繰り返し。あとはとるに足らないことと考えると、例えば私はイスラエルにも何度も行きましたし、イスラエル人の弟子も大勢武神館にやってきます。同様に、イスラエルと敵対している国の人もたくさんやってきますけど、険悪な雰囲気になるようなことはありません。どこの国でも敵対する意識はあるものですね。

初めてロンドンで武神館の大会をやったときは、ＩＲＡ※の戦闘員も参加していました。それで、大会のパーティーの席で、そのＩＲＡの戦闘員と、イギリス兵の弟子とがあって、お互いに「以前どこかで、会わなかったか」と話しているうちに、以前、戦場で手りゅう弾を投げ合った相手だったことを思い出した……なんてこともありましたよ。

でも、武神館の大会を通して、その２人は仲良くなって、ウチの道場へきて、よく一緒に稽古をやってました。

だから、大事なことは、敵対意識を無刀捕の意識で空間を作る。戦争や諍いになるような場というか、ムードを作らなければいいんです。これも無刀捕の空間に存在しているのですね。

それは無刀捕の要点、神心神眼の虚実天観の光明でしょうね。

一人ひとりの人間は、みんな、人として同じものを持っているんですから。

悟りは脚下にあり

えっ、武神館の道場に限っていえば〝武道を通して、世界平和が可能なのでは〟ですって？

そんなこと出来ません、出来ません。

そんな大それたことなんて、私は考えていませんから。

世界平和なんて理想論、離想論《りそうろん》ですよ。小さなところ、身近なところでは、親子・兄弟だって喧嘩するでしょ。

まずは自分の足元から考えてみましょうよ。家庭だって、ほとんど核家族だし、家族制度も崩壊しかかっているのが現状じゃないですか。

争いの原因、戦争の原因は、けっきょく周気《しゅうき》でしょ。それははっきりわかっているのに、そのことに気付かないでいる人が多すぎるんですよ。思想の違うものは結ばれない。

「悟りは脚下にあり」って言うけど、自分自身のことを、きちんと見ることができない環境で暮らしているんでしょ。

そういう意味では、みんな、危険な生活をしているんだよ。情報化時代の攻撃。少々資産があったって、親が死ねば、ごっそり相続税で持っていかれるし、遺産相続で兄弟喧嘩が始まったり。

「子孫に美田を残さず」という言葉があるけれど、たくさん財産を残しても、かえって子供のためにはならないことが多いですから。子供が相続税を払えるだけのお金がなければ、家や土地を残しても、物納で持っていかれてなくなります。

そういう意味で、日本はミステリアスな国ですよ。次の世代を作ろうとしていない。生物は何を求めて生きているか、ここが大事です。次の世代を生かすためでしょう。チャップリンも「ネクストワン」を大切にしてましたよ。

教育を受けても、仕事がない、食べていけない若者が大勢います。さて、どういう風に生きたらいいのか。みんな悩みを抱えています。

それは若者だけではないですし。

少子高齢化社会で、4人に1人が65歳以上という時代でしょ。みんな老人ばかりですよ。年寄りも、年金が削られる一方で、食うや食わずの人が大勢います。若い人の行く末を心配できる、生活に余裕のある老人なんて、一握りしかいませんから。

私のように生活にゆとりがあって、地域で一番の高額納税者だったりすればいいんだろうけどね。でも私は不滅の布施を第一として、すべて自分のものとしておりません。次の世代のためといつも願っています。

ただ、私だって金持ちになろう、お金を稼ごうと思って、いまのようになったんじゃないんです。自然にこうなってしまっただけ。

ひとつのものを貫いてきたら、いつの間にかこうなっちゃったんだよね。だからって、〝そうか、キーワードは「ひとつのものを貫くことか」〟なんて、早合点しないでくださいよ。

キーワードなんてないんです。とくにいまの時代は、キーワードなんて決めちゃダメですよ。

人間、いつ死ぬかなんてわからないんですから。その原点にまず返らなくちゃ。人の考えは時代と環境によって変わる。生物が生態系によって生きるように。

「武士道と云うは死ぬ事と見付けたり」というのもそれですよ。どんな時代でも、人はいつ死ぬかわからない。

だから、〝人間はいつかは死ぬ〟といったところから出発しないとね。そもそも「武士道と云うは死ぬ事と見付けたり」これは金字塔なんですよ。

世界観で見てみると中東のテロなんてそうでしょ。子供が爆弾抱えて自爆テロを起こす生態型へと変わってくる。

無刀捕という自然力は、これは魂、武士の魂なんだね。魂は斬れないでしょう? 斬ってもまた魂はくっついて生きている。カムカムカムカム※（神祐神妙《しんゆうしんみょう》阿吽《あうん》）の自然力なのですね。

介護のストレスに耐えるためのコツとは

日本に居たって、本当に自由な人なんていないでしょ?

私だって自由はかなり制限されています。

毎日、毎日、女房の介護に追われていますから。

※神代文字

出来ることなら、介護はプロのヘルパーや、介護施設の方にお願いしたいんですよ。しかし女房は頑固に嫌だと言うもんでね。「介護施設のお世話になったらどうだ」と言うと「死んでも嫌だ」と言われるし、ヘルパーを雇うとすぐにクビにしてしまうし……。困ったもんです。私もとんでもない婆さんに憑りつかれてしまいました（苦笑）。炊事、洗濯、家事、動物の世話を私は10年もしていますよ。

よく、「愛があるから介護ができるんですね」なんて言われますけど、介護になったら、現実を把握してそれに当たらないとね。本当に……。

介護福祉なんてきれいなこと言っているけど、きれいごとでは済まないことばかりです。介護となれば狭いながらも楽しい我が家もおんぼろで、老人の家ですよ。狭いテリトリーから出られない環境だと思ってください。それにいかに耐えられるか。いま武道で言うと不動金縛りの術に攻められている毎日ですよ。

凄いストレスが溜まる一方ですから、介護をなさっている人は、ときどき表に出て、ストレスを発散させないと、やがて本人が潰れてしまいますよ。介護の字を転換しようと辞書を見たら〝悔悟〟の二字が出て来ましたね（笑）。

やっぱりストレスを上手に発散させるのが、介護に耐えるコツでしょう。

介護の現場を瞬間的に離れて、気分転換する。人間ですから、どこかでパッと環境を変えて、意識を変える。それがとっても重要でしょうね。不動金縛りの術を縄抜けで、私の場合は、道場に行って稽古をすること。これが一番の気分転換です。道場は楽しい場所ですからね。ストレス発散にはもってこいです。

私だけではありませんよ。道場に集まってくる弟子たちも、仕事や家庭でいろいろ抱えているでしょうけど、道場に来て、稽古をすると、「楽しい、楽しい」と言って、みんな笑顔になって帰っていきます。それが、武道の道場じゃないですかね。

自分にとって、そういう場を持っているか、いないかで、人生はかなり違ってくるはずです。いま、大半の老人は、介護、年金、健康なんかで、それぞれ苦労されているわけで。国が発表していることなんて、実勢とかけ離れていて、実際はその10倍ぐらい、皆さん苦労されているはずなんです。政府の語る老人対策なんて、話半分どころか、話十分の一で聞いておかないと。

骨董品屋の買い取りが、相場の1／10の価格と言われていますが、政府も骨董屋みたいなもんですよ。

年寄りも、骨董品だからしょうがないけど。はっはっはっは（笑）。

こんなこと言えるのも、私ぐらいでしょ？

あんまり立派なことなんて言わない方がいいんですよ。

武道家でも、立派なことを言っている人は未熟な人が多いんじゃないかな。

「悟る」というのは、立派なことを悟るわけではないんですから。

当たり前のことに気付くことが悟りなんです。

みんな立派なことを悟ろうとするから、かえって迷いが深まるんですよ。

Q7

「悟りの時期はいつですか?」

『武道家でも、立派なことを言っている人は未熟な人が多い』

『「悟る」というのは、立派なことを悟るわけではなく、当たり前のことに気付くこと』

『立派なことを悟ろうとするから、かえって迷いが深まる……』

と、このように、「悟り」についても、見事に快刀乱麻を断つ、初見先生。

こうした初見先生なりの「悟り」の境地に、いつどのようにしてたどり着いたのか。

そのことについて、初見先生に訊ねてみた。

A7

初見先生のお答え

「〝いま〟です」

悟りについて、いつからこうした考え方をするようになったかですって?

それは「いま」ですよ。

こんなことを口任せで言うようになったのは、まさに「いま」です。

もう少し、真面目にお答えすると、いつからこのような考えを持つようになったのかは、私自身もはっきりわかりませんよ。

生きている間は、日々、徐々に変化していくのが人間ですから。

修行を重ね、86歳になったいまだからこそ、こんな考えに至ったのでしょう。

瀬戸内寂聴さんも、95歳になったそうですが、相変わらず、歯に紫衣着せず言いたいことをおっしゃっているでしょ。

寂聴さんの師僧でもあった、今東光さんも、「毒舌説法」で有名で、型破りでいつも言いたい放題だったしね。

私は、今東光さんとも親交があってね。今さんは大僧正（天台宗）、いま私も大僧正だからね。


振り返ってみると、修行時代は、「何かになりたい」なんて思いはありませんでした。とくに高松先生のもとに通っている時は、他のことを考える余裕など皆無でしたし。

高松先生のお側に近寄るだけで精一杯でしたから。高松先生のオーラへ飛びこむことすらできずでね。

私が高松先生に入門した時点で、高松先生はすでに70歳近いご高齢でしたけど、いつまで高松先生に教えていただくことができるのだろうか、とか、いずれ高松先生がお亡くなりになったらどうしよう、といった先々のことは、考えたことはなかったですね。

瞬間瞬間、一期一会のつもりで、いつも稽古していましたから。それが一《いち》悟《ご》一《いち》会《え》でしたね。

ゆとりがあればよかったのかもしれませんが、私の場合、後先が考えられないような状況が、ずっと続いていましたから。

逆にいえば、修行中に後先考えられる状況というのは、贅沢なことなんですよ。もっとはっきり言ってしまうと、そんな状況では、本物とは言えません。

ゼロの日々……。一心不乱という言葉があるけれど、零心《ぜろしん》不乱、無心不乱の境地で修行しないとね。

一心不乱ではまだまだ甘い。そんなレベルで修行していると、「一身上の都合で辞めさせてもらいます」なんて言い出すかもしれないし。一身と一心、字が違うでしょう？

はっはっはっは（笑）。

だから無心。

高松先生が逝去されたときも、私は大きなゼロに包まれた〝あも一寸〟の玉虫でしたね。修行を止めようとも思わなかったし。ままよ、とケセラセラのサウンドに乗ったのです。

ただし、高松先生から受け継いだものは〝途切れさせてはいけないな〟と。

鐘の音が消えていかないように、線香の煙が消えたりしないように、鐘を鳴らして、線香を絶やさず、燈明を灯し続けるように、高松先生の教えを守っていく。日々独経の嘆きを見る思いでした。

それが私の使命だと思っているし、そういう連続でいいのではないでしょうか。

いまでも私はそのつもりでやっています。

要するに、聖火ランナーのようなものなんですよ。一灯一隅を照らすでね。

大事なことは、やっていくことだけ。高松先生がお亡くなりになっても、何か決意を新たにした、なんてことはありません。

その場その場に応じて稽古するだけです。集まってくる弟子たちも、十人十色というか、一人ひとりみんな違うわけですよ。だから弟子の媒材に合わせて千変万化《せんぺんばんか》して、万変兆化《ばんぺんちょうか》そして京《けい》を見る。

弟子だって筋がいいものがおれば、そうでない人もいるし、いい奴もいれば悪い奴もいる。なかには裏切る者だっているわけですよ。

武田信玄は、実父を追放して甲斐の国を掌握し、斎藤道三も嫡男に殺されてしまったし。だから、裏切られるというのは当たり前であって、なんてことはないんですよ。

裏切りを覚悟しておくというのとはまたちょっと違って、裏切られても平気でいられるようにね。

裏切りを乗り越えていくのではなく、何も考えずに、ロケットが飛んでいくように高く突き進んでいけばいいんですよ。これも誤段《ごだん》のテストのランゲージ。

ロケットだって、飛んでいくとき、空になった燃料タンクやいろいろな不要物を落っことしながら飛翔していくでしょ。目的に向かって、不要なものは削ぎ落としていく。そういう境地にならないと。鉄腕アトムになることです。

コンドームをつけたら次世代ができない

反対に、過去にさかのぼって付け足しておきたいこともありません。いまですよ！

高松先生がお亡くなりになって45年になりますが、〝生前にもっと聞いておけばよかった、教わっておけばよかった〟と思ったことはとくにないですし。

私は高松先生から、大事なことは全部教えていただきました。全部とは◯《まる》なんです。丸はゼロとも同形です。

とくに大事なことは、師匠として、自分が精いっぱいやっている姿を弟子たちに見せておくことだというのを、高松先生から学ばせていただきましたから。

それはずっと実践してきたつもりです。

全国各地から、刀や武具を集めてきたり、文献を収集したりしてきたのもその一環です。こうした資料も後世に残して、弟子たちに役立ててもらいたいと思っています。本物を見せること……、本当は博物館を作って、そこに収蔵、展示するのが一番でしょう。海外では、私の博物館を作る計画がいくつも企画されているんですが、日本に作るなら箱根あたりに博物館を作りたいですね。

やはり、武道・武術の資料を揃えた博物館を作るなら、富士山を望む場所がベストでしょう。いずれ小田急グループの会長に、こういう話を持っていこうと考えています。

そこに私の集めた刀や武器、文献、それから絵画も展示してね。

箱根は外国人にもとても人気があるスポットでしょ。

日本人はもちろん、海外の人のことを考えても、富士山の見えるところに作りたいんですよ。

それもできれば静岡県側に……。


長野県の戸隠に、私も協力して作った戸隠流忍法資料館があります。あそこも展示忍具約500数点という日本有数の資料館ですが、戸隠からは晴れていれば遠くに富士山が見えるけど、富士山の裾、オシリは隠れているからね。

甲斐の武田信玄は、「駿河の富士など尻丸出しなり！」なんて強がったって話があるけれど、こんど博物館を作るなら、富士山のお尻の見える場所を選びますよ。モンローのお尻もね（笑）。ルノアールの裸婦よりも、私はね、甲斐庄楠音《かいのしょうただおと》の熟性された裸婦の方が好きでね……。

「ジャパンが誇る、ノーパンの富士山」いいでしょ。はっはっはっは（笑）。

このくだらなさがいいんですよ。

武道だからって、あたりまえなこと、立派なことばかり言っていたんでは、そっぽを向かれてしまいますよ。そもそも、みんな立派でなんかないんです。くだらないことも書いておくと、誰でも立派になれると思うんじゃないかな。

武道の奥義だ、なんだといって、神秘的なベールで覆い隠せるようなことをしちゃダメなんですよ。だって、コンドームつけちゃったら、次の世代ができないでしょ。はっはっはっは（笑）。

それと同じ。教えるのにコンドームをはめていたらダメ。オンナだって喜ばないし。

コンドームって、前にも言っているけど、外国では「勇気」って意味だからね。「度胸」と同義語です。だから海外で私が指導するときに、「コンドーム」という言葉を使っても、みんなまじめに聞いていますよ。そうそう、「タンポン槍」と言って五解《ごかい》させたこともあるけどね（笑）。

スペイン語で、女の美味い肉＝牝牛の肉を、バカ（ｖａｃａ）っていうし、ニンニクは「アホ」。日本語の単語が、海外ではまったく別の意味で使われている例はけっこう多いんだけど、そういう世界的な感覚というのは、人間的感覚の原点に戻ることにつながるんじゃないかな。


世界をまわって、各国の人々と交流すると、人間の本質が見えてくる。肌の色は違っても、中身はみんな赤いんですから。

もちろん付き合いやすい国、打ち解けやすい民族や、そうでない国や人々というのはあります。でも、まずこちらが楽しいことをやれば、みんな反応は同じですよ。

男同士なら、オンナと酒の話をすればいいんだから（笑）。政治や思想の話をするからややこしいことになるんです。

我々は政治家ではないんだから。

政治家ではないけど､生きることを治める「生治家」ではある。「生きること」は入るけど「心」が入る＝「性治家」ではないので、セックスは入らないかな⁉

万国共通、こんな風に、どこの国の人であろうと、ハーモニーで話して、和音で話せば、ひとつのところに行きつきますよ。

イデオロギーや、支持する政党、政治団体、指導者が違っても、物心ともに豊かになりたいという気持ちは一緒でしょ。根っこはみんな同じですよ。

だから難しく考えないことが大事なんです。そして答えを出そうとしないこと。みんな答えを出すから固まってしまうんです。

一般的には答えを出すことが素晴らしいと考えられているんでしょうが、とんでもない。答えるということは、時として嘘をつくことにもなるし、敵を作ることにもつながるんですから。

何でも答えを出す必要はないんです。わからないことはわからないままにしておくのも知性ですよ。わからなかったことでも、歳を取るとわかることは多いですよ。ありがたいことに、年齢を重ねていくと、ある日「あ〜そうだったのか」と気づくことができるんです。

すぐにわかることは、コンピュータにやらせればいいんですよ。すぐわからないことを問い続けるのが人間で、すぐにわかることはコンピュータか辞典を頼ればいいんです。

人間はすぐに答えを求めてはいけない。

このことに気がついていない人は多いんじゃないかな。

インターネットで調べて、わかったふりをしている人も多いだろうけど、じつは何にもわかっていないケースがほとんどでしょ。

深いことは、考え続けてようやく一筋の光が見えてくるものなんですから。

浅くインスタントにわかろうとしてもダメ。それが行き過ぎているのが、現代の教育なのではないでしょうか。

Q8
「外国人の弟子に何を伝えているのですか?」

弟子の8割が外国人で、いまでも初見先生の教えを乞うため、世界各国から年間のべ1万人の外国人修行者が、武神館を訪れている。

彼らの来日目的には、武神館に伝わる武技だけでなく、初見先生の独自の発想法、考え方を学び、参考にすることも多分に含まれているのではないだろうか。

では果たして初見先生は、そうした外国人修行者に武技を含めて何を伝えているのかについて訊ねてみた。

初見先生のお答え

A8
「人間の本質ですよ」

私の武神館に、世界中から引きも切らずに修行希望者がやってくるのは、もちろん本物の忍術、本物の日本の武道を習いたいというのもあるでしょうが、私に会って、私の話を聞きたいというのも大きな理由になっています。

彼らは私の稽古が面白いからこそやってくるんですよ。稽古を通して、人間の本質を知る。これがなければ、人々はやってこないでしょう。

外国人の弟子たちも、母国で日々いろいろ考えているわけですよ。自分なりにいろいろ考えているけど、これでいいのか？　ジャスティス（正義）なのか？　と考えるわけです。

誰だって、「本当の正しさって何か」って考えるでしょう。

でも、考え過ぎると固まってしまう。そんなとき、私のところに来て、私と一緒に稽古し、私の話を聞いていると、固まった頭の中が、どんどん解きほぐれていくんですよ。

固まっていると、ゆとりがない、余裕がない。それでは武道をやってもものになりません。いうなれば、マッサージ屋みたいなもんですな（笑）。

固まっていることに気がついたら、頭でも身体でもすぐにほぐすことが肝要なんです。

稽古に参加している弟子たちの様子を見ていると、どんどんほぐれていって、それを実感している、あるいは実感させるというより、そうなっていっちゃうというのかな。

ゆとりって、やはり無刀捕の神ながら行雲流水の天神地の三界なのですね。

人間には順応性がありますから。武神館の稽古の環境に溶け込むと、自然に頭と体がほぐれていくんです。皆さんだってそうでしょ。誰だって順応性があるわけですから、いい環境に身を置くことが重要なんです。

だから恐ろしいんですよ。とんでもない環境に置かれている人は、変な環境に染まっていき、テロ行為のようなことまで、それが正しいと思い込むようになってしまうのですから。悪事にも順応するDNAがあるのですね。

これはどこかの国家、組織の悪口でなく、人間にはそういう順応性があるってことを言いたいのです。順応性がないと生きていけませんから、これはこれで大事な能力なんですけどね。環境に適して生きる、順応化ですね。だから神ながら、行雲流水を知るのです。

武神館では、野田市の本部道場だけでなく、世界各地の支部で、同じように頭と心が解きほぐれるいい環境が構築されています。

時代的には、イデオロギー対立の激しさが増す方向に向かっていますが、武神館ではその対極の環境を実現できているんですよ。

どうしてそんなことが可能になったと思いますか？

それは、私が人間の本質を教えているからです。

困ったことに、人間というのは誰もが知らず知らずのうちに、間違った方向へ歩み進んでしまうものなのです。それはある意味、学問の影響で、智でしょうかね、それが病むと痴と化する。

それを防ぐ意味でも、宗教があって、宗教の力で人間の本質に帰る仕組みを作り上げたわけです。でも、その宗教が間違ってしまうと、ますますとんでもないことになってしまうのは、皆さんだってよくご存じでしょう。意識が利用されるのは怖いことです。

私のもとには、世界のいろいろな宗教を信仰している弟子が集まってきます。当然、時には、「私の宗教の宗旨では、このように説かれているのですが……」と質問してくる弟子もいますよ。そういう時、私はどのように答えると思いますか？

私の答えは決まっていて、

「それでいいんじゃないの」

といつも応えています。そして無刀捕で自覚させるのです。

正しいと思う人の間では正しいし、そう思わない人にとっては正しくないわけで、すべてに二面性があるわけですから。

「そんな不毛な討論をするより、もっと稽古しなさい」とも付け加えていますけどね。もっと稽古をしていくうちに、やがて自分でわかってくる。そういうものです。

いま武神館に通ってきている弟子たちには、修行歴が30年、40年の者が珍しくありません。もうある意味、宗家ですから、私は「宗家」を名乗っているんです。貫忍無刀捕です。

武道は生きること、守ること、とくに環境を守ることを目指しているので、護身であり護神なんですよ。環境が違えば誤神《ごしん》ともなる。

えっ、私自身が神仏を信じているかですって？

それはもちろん信じています。

人の力、人の意識の及ぶ範囲なんて、限られたごくごく狭い領域だけなんですから。

いま私が積極的に伝えようとしている、無刀捕。私の場合、無刀捕ですべての動きをコントロールしているんですよ。


人間の自律神経も、交感神経と副交感神経でコントロールされていますが、その働きを自覚できている人はいないでしょ。これも虚実です。

それと同じで、自分で自分をコントロールしているつもりでも、じつは自分の意思以外にコントロールされている方が多いんですから。

もっと言えば、自分のコントロールではないところで動くような境地を目指さないとね。

なぜかといえば、自分の欲望の強い意識ってあんまりあてになりませんからね。間違うことの方が多いぐらいではないですか。

いいオンナを見れば、抱きたいとか、酒を見れば飲みたいとか（笑）。そこで止まってしまいますからね。それをコントロールできるようにならないと。

それを私の場合、すべて無刀捕でやっているんですよ。

まあ、ようやくそこまで来たともいえるんですけど。

高松先生がお亡くなりになって、44年目になりますが、私もやっとこうした境地に達することができ、その無刀捕を教えられる弟子たちも育ってきてくれました。

そういう意味でも、いつも言っているとおり、長生きしないとダメですね。とくに芸事をやる人は。

私はこうした武道の英知を後世に残すために、神様がこの時代に生まれるようにしてくださったんじゃないかな。

無刀捕は実際に自分の目で間近で見てもらわないことには、伝えようがないんだけど、刀だけでなく、いろいろなことが「無」にならないとね。それが無であり武《む》なのです。

自分自身は「無」になって何も考えないで動くだけ。だけど相手はコントロールしている。当然自分自身もコントロールしているわけだけど、とくに何も考えない……。自我欲望邪心でなく、自分をコントロールするコツは、「刺激に応じて」。

房事と同じですよ。はっはっはっは（笑）。

コントロールはみんな同じだと思うからいけないんですよ。臨機応変、当意即妙でコントロールも変化させないと。

だから教えられないんですよ。教えて「こうだ」と決めてしまうと、それ以外対応できなくなってしまうので。

「こうしたい」という自分の意思が全部悪いわけではないので、時と場合に応じて使い分けるしかない。方便や『毒語心経』もあるように……。

狡《ずる》いようだけど、正しい答えを作らないことも肝心なんだよ。

万物帰一の道理にたどり着けるかどうか

えっ、〝海外から来る弟子は、正しい答えを求めて私のもとにやって来るのでは〟ですって？

いやいや彼らだって十人十色ですよ。それをひとつに考えちゃうから間違えちゃうんです。はじめから十人十色だと思って付き合いだして、お釈迦様のように対機説法《たいきせっぽう》で指導して、10年20年経つと、正しい答えを作るのが間違いの原因という、私の考えがよくわかるようになってくるんです。それでいいんじゃないですか。十人十色だったら八正道の教えでは二つ足りない。

十人の聖人とか、お釈迦様の十大弟子といったのも、人はけっきょく十人十色のものを持っていることを表現しているわけですよ。真田十勇士なんていうのもそうですね。この「十」という数は、実数というより、十人十色でいろいろな人がいて、それでいいんだという意味なんじゃないかな。十戒もあるし。「十」は「＋《プラス》」、または「結ぶ」。つながりを考えるべきだね。

私は実数ほど無価値なものはないと思っているぐらいですから。実数なんて、やがてはなくなるものですからね。実より虚《きょ》ですよ、大事なのは。巨《きょ》万の富なんて言葉もありますし（笑）。

稽古の進め方だって、いろいろありますよ。

雨の日は雨の日のように、風の日は風の日のように。決まっているようで決まっていないのが、私の稽古の特徴です。

高松先生亡き後、44年間弟子たちを指導してきましたが、これまで同じ技をやってみせたことがありません。ひとつの技でもどんどん変化していきますから。でも、根本的には同じなんです。これも十人十色と一緒ですよ。

私の考えでは、「同じこと」というのは、人間のひとつの影なんですよ。

将軍家指南役になった柳生新陰流はご存知ですよね。あの柳生一族も、もともとは「柳生」ではなく「夜支布《やぎう》」と書き、文字通り「夜を支える」存在、「夜支布流」でした。

「夜支布流」の名前には、深い意味が込められているんですが、これは口で言ってもわからない。実際に、武道の稽古をした者だけが理解しうる内容なので、頭で考えてもわからない。修行と稽古を通して、体得体解するものです。闘いの闇の世界を支点に見つけて支点隠れで生き続ける武闘の世界の燈でしょう……。「歴史は夜作られる」なんて映画もありましたね。

すでに語ってきたとおり、私はさまざまな武道を学んできました。琉球空手、柔道、ボクシング、合気道、幾多の古武道、さらに高松先生から、戸隠流忍術、玉虎流骨指術八法秘剣、虎倒流骨法術八法秘剣、神伝不動流打拳体術八法秘剣、九鬼神流体術八法秘剣、高木楊心流柔体術八法秘剣、雲隠流忍法八法秘剣、玉心流忍法八法秘剣、義鑑流骨法術八法秘剣の九流派を受け継いでいます。

沢山のことを教わりましたけど、最後はひとつ、万物帰一の道理ですよ。それは〇《まる》でもあります。

私は高松先生に師事したおかげで、そうした大事なことを学ばせていただきました。そういう師に巡り合えるかどうか、それが一番肝心で、私は無上の幸運、まさに武運に恵まれていました。

反対に、いろいろなことを学んでも、すべてがバラバラでつながらない人もたくさんいます。そういう人は武運がなくて気の毒ですね。結局わからないまま終わってしまう……。

ロシアのプーチン大統領が柔道愛好者で、山下泰裕さんと親交があり、講道館の五段位を持つ猛者だというのは有名でしょ。彼はもともとKGBのエージェントですから、〝殺し〟は上手いぞ。実戦では柔道家ではかなわないぐらい、相当強い人ですよ。

そういうのも見抜けないと。〝柔道が強いから、大したもんだ〟なんて簡単に考えてはいけません。お二人とも木鶏《もっけい》の位の人だから。

彼みたいな人物が、世界中にはたくさんいて、いろいろな要職についているんです。

そういう連中と向かい合っていくには、自分の武道をゼロにしないと。ゼロでいれば、相手が自分のことをわかりません。一文無しなら、命も奪われないですし（笑）。

だから、技がたくさんあることが優れた武道の条件ではないし、技が財産だと思っているといざというとき、何の役にも立たないし。

何々流をやった。何々流の免状をもらった、とコレクターで終わっちゃっている人が多いでしょ。

この本を読んで自覚する人が多くなればと私は思っています。

私はそういう意味で幸運でしたね。

Q9

「修行を続けていくために必要なものはなんでしょうか?」

「技が財産だと思っているといざというとき、何の役にも立たない」、「免状や段位のコレクターで終わっている人が多い」と、警鐘を鳴らす初見先生。

そこでコレクターでとどまらず、武道の本質を掴むために必要なことを伺ってみた。

A9

初見先生のお答え

「目的を明確にすること」

武道の修行を全うしたいというなら、やはり修行目的を明確にするのが肝心でしょう。

本気で武道を追求するのなら、やはり無刀捕を目指してほしいですね。

繰り返しになりますが、無刀捕というのは、私の動きを見て、やってみないことには何にもわかりません。

文章でも、写真でも、動画でも伝わらない、まさに不立文字《ふりゅうもんじ》・教外別伝というヤツです。無刀捕＝相手の刀を徒手で捌く、と思っている人も多いかもしれませんが、本当の無刀捕は、手では捌きません。

空勘《くうかん》で捌くんです。刀だけでなく、空間まで無くしてしまうんですよ。言うなれば、「武空捕り」ですな。

弟子たちにも、日々指導はしていますが、まだ無刀捕と宇宙の相対性原理を把握しているところまでいってませんな……。

もっとも、無刀捕は教えてできるものでもないんでね。

だから、私を真似るのではなく、参考にしてもらいたいんですよ。細かく教えたりしない代わりに、すべてを参考にして、自分で体得体解していく。

その方が、親切というものです。

だってできない人に「やれ」というのも酷なだけでしょ。

武道の場合、できないのに「できた」なんて言うと、死んじゃうことだってあるわけだから。

そんな失礼なことはできないし。

以前、アメリカのある特殊機関の秘密基地に、指導要請があって出かけたとき、施設内で急に彼らに銃を突きつけられて、私がどう対応するか試されたって話をしたでしょ。

あのときも、構えたり、ジタバタせずに、手を上げただけで、彼らに感心されたって話したけれど、あれもじつは無刀捕なんだよ。そういうことが、何気なくできるのがホンモノ。

直近で、銃を突きつけられたら、技なんて無価値だというのはわかるでしょ？

ＦＢＩの方も、「日本の現代武道なんてやらないよ。あんなことやっていたら、現場では殺されちゃうよ」って言っていたからね。

その彼が、私の動きを見て「これなら実戦で使える」と喜んで、それ以来、ずっと親しくさせてもらっている。

アメリカの場合、実勘《じっかん》する実要化《じつようか》するものを厚く遇するところがあるので、素晴らしいよ。武神館の大会をアメリカで開催したときも、大臣クラスの人がわざわざ一人で見に来るからね。ラフな格好で、一般人に紛れながら、我々のやっていることをじっと見ているんだよ。

それで一人も怪我させせないで、参加者がみんな喜んでいるのを見て、すぐに賞状を出してくれたりしてね。

価値があるものに対して、すぐに評価し、大事にしてくれる。アメリカってそういう国だよ。

私はね、ここで還虚《かんきょ》と相対性に生じてくる観成《かんせい》を求めよと言いたいね。

世界中、いろいろな国を渡り歩いてきたけれど、どこか特定の国がということでなし、人間は同一ということだね。

もっと言うと、国の性格が、価値のあるものを見落としているということだね。

「国」という枠組みは、窮屈で束縛があるでしょ。法律もあるし。縦の線で終わってしまい、十の字が出来にくいでしょう。文化的に価値があるものでも、日本の体質では先入観で盲目になってしまい低空ですれすれ。こんな国ないよ。

やっぱり、旦那（篤志家）を多く作ることよ。お金持ちも増やしていかないと。

中国なんかも、華僑が若者や国を支えているし、ユダヤも大金持ちが独自のネットワークを持っていて、客観的に国をサポートしている。それが彼らの強味なんですよ。

日本だって、ひと昔前には、「旦那」がいたんだけど……。いまの日本は旦那を作ろうとしていない。

私の弟子の、インドにいる父親で、ダイヤや宝石をちりばめた２００億円の眼鏡を作ったという旦那様がいるよ。

アフリカの弟子のところに招待されたときも、大きな湖を掘って水をためて、そこにバンガローを八つぐらい建ててくれて、そこに泊めてくれましたよ。それはね、私たちに「ライオンなんかが、朝、水を飲みに来るところを見せてあげたい」ってね。それがお接待なんだな。日本のお接待はそれに比べれば箱庭だよね。

その人の持っている自然動物公園なんて、２５０キロのスピードでクルマで３日間走りつづけないと、全部まわりきれないほどの広さなんだから。でも密猟が多いので、職員が毎日クルマでパトロールに回っていてね。

とにかく、お金持ちのスケールが違うんだよ。

武神館の最高師範は500人以上

そういう意味で、武道だって日本だけのスケールで考えていたら、どんどん消えちまう。

私の弟子の数ですか？　はっきりした数はわかりませんが、おそらく世界中に40～50万人はいるでしょう。

いま、世界に私の大師範が活躍しているので、日本の武神館はこれから後、消えることはないでしょう。いま武神館の大師範と呼べる弟子が、500人を超しましたから。

これだけ弟子が育っていれば、高松先生の教え、武神館の技術は途切れることなく、次世代に伝わり生き残るでしょう。

中東なんかも相変わらずゴタゴタが続いているけど、イランにも熱心な弟子も多いしね。そのイランからはペルシャ絨毯で、私の肖像画を作って送ってきてくれたりしてね。最高級のペルシャ絨毯なので、買ったら400～500万円はするんじゃないかな？　イランにはいま〝くノ一〟が何千人もいますよ。

無の中の真実

「武神館には、なぜこれだけ世界中から人が集まるのか」ってよく聞かれますけど、それは魅力があるからですよ。伝統からの生命力があるからでしょ。

それから真実があるからです。無の中に真実がある。それを私が教えていて、そこに共感する人が多いんでしょうね。

あとは縁としか言いようがありません。

もちろん、忍者・忍術に惹かれてくる人も大勢います。けっきょくひとつの時代なんですよ。ちょうど、いま忍者が好かれる時代なんじゃないですか。

忍者が好かれる時代というのは、どういう時代だかわかりますか？

忍者が好かれる時代は、戦国時代なんです。つまり、世界全体が、ある種の戦国時代を迎えているということです。

社会の背景がそのようになっているのに加え、情報化社会ですからね。

というより生き続けるには忍者のコントロール力を潜在的に感じるのでしょう。

忍者に憧れて、私のところに学びに来る人も少なからずいるのは事実ですが、一方で実際に必要だという軍人や、政府関係の特殊機関のメンバーも、万里波濤を超えて、私のところに集まってきて、みんな熱心に修行に取り組んでいます。

また、南米のチリなどは、国家として武神館を認めて、奨励していますからね。アルゼンチンもそうです。アルゼンチンのシークレットサービスは、みんな武神館の武道を学ばせています。もういちいちこうしたことはアピールなんかしませんが、海外の方が安全保障に真剣に取り組んでいますし、武道・マーシャルアーツに対しても非常にシビアな目で見ています。

おかげで私も弟子たちの動きを見ているだけで、世界情勢がある程度わかるので、日本の将来が心配でなりません。

そうした一方で、最近は女性の入門者も増えていますよ。

女性の弟子たちも、外国の女性の方が素晴らしい傾向がありますけどね。彼女たちも単なる護身術として、武神館の武道を習いに来ているわけではないんでね。それぞれ、国が背景にあって、環境もあって、そのうえで私との縁があったということで、入門してくれたんでしょう。

だから、本当に強い女性が集まってきますよ、武神館には。

いまの日本の女性は忍耐に対して弱いでしょ。しかも贅沢で、わがままで……。海外の女性で、本当に修行している人たちは、なにより忍耐力がありますよ。日本の昔の武士の妻のような、芯の強くて暖かい女性がたくさんいますよ。やはり国の体質の違いなんでしょうかね、大学の学力も低いでしょう。

いまの日本は、武士の時代ではありませんから。いうなれば士農工商の位では一番低い国。万《ばん》変不驚《ぺんふぎょう》、私は例によって何にも考えないようにしています。考える必要もないでしょ。「無の中の真実」、そういったことがいろいろわかるために、修行というのがあるんです。武道の修行だけでなく、宗教や、何かの道といったものは、そうしたことに気付くために必要なんです。ただ、私の場合は「道」は必要だけど、土の上に作られた道だけが道でないことを知っているんですよ。土はすべて道と思うことが初めにあるから。

個人的には、「芸」なのかなと。武芸、つまりアーツだと思うので。「芸」というのは、まともじゃないのもあるし、気ちがいみたいのも多いでしょ。「道」だとまともじゃなければいけないからね。「外道」や「邪道」なんて言うのもあるけれど。木火土金水空、六道もあるんですぞ。

モラルなんて、けっきょく人間の考えていることじゃないですか。私に言わせれば、モラルなんて逆にいえばエゴですから。モラルは、ある意味で一番の危険物でもあるんだよな。闘いには昔から軍資金といって最重要視されていたでしょう。金遁金道《きんとんきんどう》も武道では大切なものの一つです。

Q10

「時代とどう向き合って生きていけばいいのでしょうか？」

「無の中の真実」に気付くためには「道」そして修行が必要。しかししばしば「道」はモラルの押し付けとなり、それが現代社会で、さまざまな形で摩擦を生んでいる可能性があるという。だとすれば、現代の武道、武術の修行者は、時代とどう向き合って生きていけばいいのか。今回は、まずそのことについて、初見先生に訊ねてみた。

A10

初見先生のお答え

「気にしない方がいい」

時代の流れと修行の関係？　なんていうのかな、修行者は大きな（時代の）流れなどというのは気にしない方がいいんじゃないかな。道を知るのもカーナビの時代でしょ……。身につかない。というのは一人の人間で思うこと、ロダンなんだな。

大きな流れ、大きな木……、「寄らば大樹の陰」って言葉があるでしょ。時代が荒れているときでも、その大樹の下で息（意気・威気）をしていると度胸につながる。威《い》気《き》坐《ざ》する修行者。

お釈迦様だって、菩提樹の下で大悟されたわけでしょ。「寄らば大樹の陰」も、その逸話につながっている言葉なんだから。しかし雷が落ちることもあるしね。

自分のまわりにある一本一本の木をどうこうしようと悩んだりせずに、木は木でそれ以上でも以下でもなく、その下が涼しければいいんですよ。樹木葬なんてのも現代は流行っているしね。「時代の荒波」なんて言うけれど、まさに波なので、激しい時代も、平穏な時代も、周期的に来るもんだからね。オンナの生理と一緒ですよ。生理と成理周悸の自然体に生きる心然体《しんぜんたい》。

戦争は反対だね。私もしかり、しかし考え方を反対に自然状態と人間と考えれば、一種の自然淘汰の現象と変わる。そうでなければ、地球上に人間が溢れかえってしまうわけで……。

地球の容量は決まっているわけで、人間だけどこまでも増え続けるわけにはいかない。天変地異もこれは神の啓示だともいえ、天示《てんじ》を見ることもある。

そう言えば、今年の2月に、地球によく似た惑星が七つ見つかったというニュースがあったね。地球から39光年離れた星で、一部には海もあるとNASAが発表していたでしょ。「七つ」見つかったというのが、興味深いというか、面白いね。地球も水が7で陸が3の割合でできている。

ハワイでも、イタリアのエオリエ諸島でも、スペイン領カナリア諸島（アフリカ北西）でも、みんな七つの火山島なんだよ。七法三方型。

七つというのは不思議だね。

忍術は七法三方型というものがあるんだけど、何か自然界というのは、そういう数字に支配されているというか、同じようなサイクルで動いているんだろうね。そして天地人の三。

少し、話が横道に逸れちゃったけど、時代だなんだと切実に考えずに、のらりくらりと切り抜けてね。何でもそうだけど、断定しちゃうと、敵を作ることも多いし、間違えることも多いんじゃないかな。七対三に生きるなんていうのはこんなことなのかな。

「答えを、早く、正しく出しなさい」というのは、小学校の先生と同じだよ。大人は、答えなんて正しく出さなくたっていいんですよ。キラーストレスになると困るからね。

社会情勢が不安定になってくると、不安を抱える人が多くなるみたいだけど、先のことなど誰だってわかりやしないんだから。そんな取り越し苦労ばかりしていると、病気になってしまいますよ。私みたいに、あんまり考えないことですよ。

私は若い頃から、未来のことを心配したことなんてありませんから。考えたって、どうにもならないものってあるでしょ。それもやっぱり十人十色。その人その人で違うわけです。

だから、たくさんの人間を教えたり、たくさんの人たちとネットワークを作っておくには、こういう考え方を持つことが肝心なんです。そうでないと、やがてキラーストレスの体変化で死んじゃう。十人の人をまとめる師、それが師なのかな……。無《む》十捕《とうどり》とも書けるのよ。

一人の人に肩入れしてしまうのは危険なことです。

一人に肩入れし、その人へのひとつの答えで、みんなにもそうなんだとやってしまうと、他が全部ダメになってしまう。

十人十色、1（ピン）9では駄目。ピン5でも駄目。

※孔子の逸話の一つ。顔回は孔子の弟子の一人で最も秀でたと言われていたのだが夭逝してしまう。将来は自分の後継者とも期待していた孔子はこれを深く哀しみ、「顔淵死す。子曰く、噫、天は予を喪ぼせり、天は予を喪ぼせり」と嘆き悲しんだという。

お釈迦様じゃないけれど、対機説法で一人ひとり、そのときそのときで、違った答えを用意できないと。

武道の世界では、一子相伝とかいって、見込んだ弟子に集中してすべてを仕込んでいくなんて傾向があるけれど、そんなのは私に言わせれば、師匠としての力がない証拠ですよ。中国の諺「顔回死す」※ということになる。孔子の嘆きの壁かな。

勉強ができる親ほど、子供に勉強しろだなんて言わないでしょ。それと同じ。

武神館の後継者も、私は何にも心配していません。もうこれだけ弟子が育ってきているし、高松先生の教えも全部伝えきりましたし、無刀捕まで教えることができたし。次期宗家は誰、なんて決める必要もありません。既述の通り、武神館の最高師範は、全世界ですでに500人を超えていますから。これだけの弟子がいれば、教えが途絶える心配はないので、「あとはお前らがやれ」っていう感じですよ。悟飛躍人《ごひやく》ですぞ。

宗家と總家《そうけ》とは同音でしょう。

武道＝一子相伝のイメージは作家の罪

えっ、〃弟子たちの中で、我こそ初見の一番弟子だ、なんて名乗り出す者がいるんじゃないか〃ですって？

それがいないんですよ。なぜかといえば、そういうのを認める人がいないから。何万人という弟子がいて、それぞれがものすごく上達してしまっているので、一番弟子なんて決められませんよ。

仮に誰かが、一番弟子だと自称しはじめても、他の弟子は相手にしないでしょうから。そういう意味でも、武神館は安泰ですね。

武神館では、独裁者は作らないし、独裁者は要りません。毒才者はね。

天狗になって、自分がトップだといったところで、周囲からはバカだと思われるだけですし、そんなことを言ったやつほど、誰にも相手にされなくなって自然に消えていくだけです。

いまだに、武道の世界で一子相伝のイメージが強いのは、剣豪小説その他の影響が強いからではないですかね。武道家というより、そういうストーリーを好んで書いた人の罪ですよ。一死相伝《いっしそうでん》の実もあるしね。意志双伝《いっしそうでん》を望むものです。

本当に優れた武道家は、黙っていたって立派なものを遺しているはずです。私の師匠の高松先生がそうであったようにね。

高松先生は、学校で教科書で習うような歴史ではなく、神代の時代の日本の歴史から、全部いろいろなものを網羅して、勉強なされて、その収集された貴重な資料を私にすべて譲ってくださいましたから。「天津韛韜秘文《アマツタタラヒブミ》」とか、古文書の研究では日本で第一人者といえる方でしたよ。

それらを全部私がいただいております。

それが前述の人間の原点ですよ。地球の原点でもあるし、神様の原点ともいうのでしょうが、〝原点〟と書けば〝大きい原っぱ〟となぞらえるが、〝元点〟と書けば〝小さな元〟となってくるもんです。音と光の相対性も考えることです。

初見良昭の死生観

えっ、私が死についてどう考えているかですって？ 考えてないねぇ。死なんてものは、眠りのようなものだと思っていますよ。すぱっと火が消えるようなもんなんじゃないかな。

修行によって、死に対する不安や恐怖を克服しようとする人もいるんでしょうけど、私はとくに考えたことがありませんし、きっと死ぬ瞬間にならないとわからないんじゃないんですか。

ただ、死に対する恐怖を抱かない人は一人もいないでしょ。それが生体としての防御反応ですから。人間でも動物でも、それは本能的なものですから。

だけど、生きている間は、死についてとくに考える必要がないというのが、初見流です。死んだらどうなるのかなんて、誰もわからないわけですから、そのことについて思い悩むのは一種の病ですよ。

私は無刀捕は死なないと思っている。いまも高松先生は私の中で生きている。

武士だって、戦うときに負けようと思って戦う人はいないですよね。誰も死のうと思って戦う人はいないんですよ。しかしその場の読みを知って死を超越した無刀捕に生きることもあるのです。

よく鎧櫃に「前」と書いてあるのを見ますよね。あれは真言九字の「臨、兵、闘、者、皆、陣、列、在、前」の最後の一文字から取っているんです。「前」というのは、前進のこと。つまりネクストワンです。要するに、次の世代という意味です。「前」って女性は「前」とも言うでしょう。何をやっても、どんな生き方をしても、最後は死んでこの世から消え去るということに虚しさを感じている人もいるようですが、それはそれでいいじゃないですか。「前」は復活です。命というのは循環ですから。まわりまわってくるものでしょ。ただそれを受け入れるだけです。命の循環も動きでしょ。

消えるということは寂しいことかもしれないけれど、だから思い出を作っておかなければいけないんですよ。忍者は木火土金水、五遁三十法で消えるでしょう。

宗教も私は大事だと思っていますが、本や何かで宗教を学ぶときは、それに取り込まれてしまわないことが肝要です。思想などにしてもそうですが、○○主義といった特定の考え方だけ学ぶと、それだけだと思ってしまうのが危険なんです。○○主義なら○○主義で、その原点は何なのか、そういうことまで考えないと。

共産主義も、自由主義も、社会主義も、みんな根っこは実社会から見ると理想的なもののはずなのに、理想通りにはいかない、ということも生じるのでしょう。この三主義の三界に「山のあ

※カール・ヘルマン・ブッセ。1872年 - 1918年、ドイツの詩人。ここで取り上げているのは、明治期に上田敏によって訳され、国語の教科書にも取り上げられた「山のあなたに」（Über den Bergen）。

なたの空遠く　幸住むと人のいふ……」という、カール・ブッセの詩吟※を、三主三界にハモらせて、神吟《しんぎん》してその和音を聞いて、無刀捕の真理とともに超越させた、不空観音菩忍独尊の風姿のままよの武人となることなんですよ。

でも、決めて縛らないと人間は安心しない傾向があるでしょう。

これはどんな人の質問かな、ＳＭ、サド、マゾの好き者のお話なのかな？（笑）。こんな喜びを好む人もいるんですね。

縛られる。ここで縛られているのは自分ではなく、縛る場所。人ではなくハンモックのようなものを木に結ぶために縛るのか。クモバシゴを作るための忍びの秘縄術なのか。

要は縛るところ、止血しようと縛る医法。縛る、赤い糸を縛る。何よりも命を守るために身体を縛る、結ぶということに気づくことです。

何でもそうですが、知らないと騙されますよ。三学（戒学・定学・慧学）に落第する。

そういう意味で、私はあまり他人の風姿には関わらないようにしています。他力本願、他人を頼るのはよくないことです。最後は自分でしょ？　この世にポンと生まれてきたら、自分で生きていかなければいけないんですから。

自分で生きて、自分で死ぬ。

世の中そういう風にできているんですから、文句言ってもダメですよ。

私だって、何かというと「高松先生の教え」と言っていますが、すべては高松先生の教えというう幼児性から、私も脱却しなければいけないんです。これも自然の要示性《ようじせい》。神ながら神導行雲流水の佛導の娑婆に生きるためである。

弟子たちにも同じことは言えますけどね。独り立ちしている弟子は余計にそうですが、師から弟子へ、それは順番につづいていくんでしょうね。

だから、ある段階から私は、無刀捕の真理、弟子の段階に応じて、それを生命体に吹き込んで、貫忍独尊不空娑婆の空間に遊ばせるようにしているんです。

彼らが空間という娑婆を生きるために。

第二章

対談

藤岡弘、×初見良昭

ご縁の二人

藤岡　初見先生、ご無沙汰しております。先生とのご縁があったことがどれほどありがたかったか。いつも本当に感謝しております。

初見　私も藤岡さんのご活躍をいつも楽しみにしております。もう長いお付き合いですしね。

藤岡　そうですね。初めて初見先生にお会いしたのは、1970年代……。ちょうど仮面ライダーに出演したあとだったでしょうか。以来、本をお書きになるたびに送ってくださったりして、それがどれだけ役立ったことか。

初見　そうですか。私も仮面ライダーが好きでしてね。忍者もいうなればむかしの仮面ライダーですから（笑）。兄弟みたいなもんですよ。

藤岡　なんというか、初見先生とは不思議な縁がありまして、縁が縁を呼ぶというか……。

初見　いろんなところで会っていますしね。飛行機のなかであったこともあって、あれは確かオランダだったかな？

藤岡　ええ。いろいろなところで偶然ではないような出会いがたくさんあって、いつも初見先生からたくさん学ばせていただいて、先生に育てていただいて、心から尊敬しています。

初見　藤岡さんは、40年前からエネルギッシュだったけど、いまも変わらず精気に溢れていて大したものです。まさに永遠のアクションスターですよ。私なんか、40年前とはだいぶ変わってしまいましたが（笑）。

藤岡　とんでもない。先生のご健勝ぶりこそ驚異的です。

初見　はっはっはっは。今年（２０１８年）で87歳になるんですが、私はいまでも道場に出て、弟子たちに稽古をつけていますよ。

藤岡　うわ〜。外国人を含め、屈強なお弟子さんを、ポンポンと往なして、捌いてらっしゃるんですよね。その先生の醸し出すエネルギー、パワーにいつも圧倒されてしまいます。

初見　だいぶ悪いエネルギーかもしれませんよ（笑）。

藤岡　ご冗談を。私はこれまで１００ヶ国近くの国々を訪問していますが、海外に行くと初見先生の高名をあらゆるところで耳にします。訪問した先々で、私の尊敬する初見先生のお名前を出すと、知らない人がいないぐらい名が知られているんです。

そういう意味では、日本国内よりも、海外の方が、初見先生を高く評価し、リスペクトされている方が多いのではないでしょうか？

「世界の初見」として海外で先生の名声が知られていることは、日本人として大変誇らしいことですが、一方で日本国内ではそこまでお名前が知られていない。な

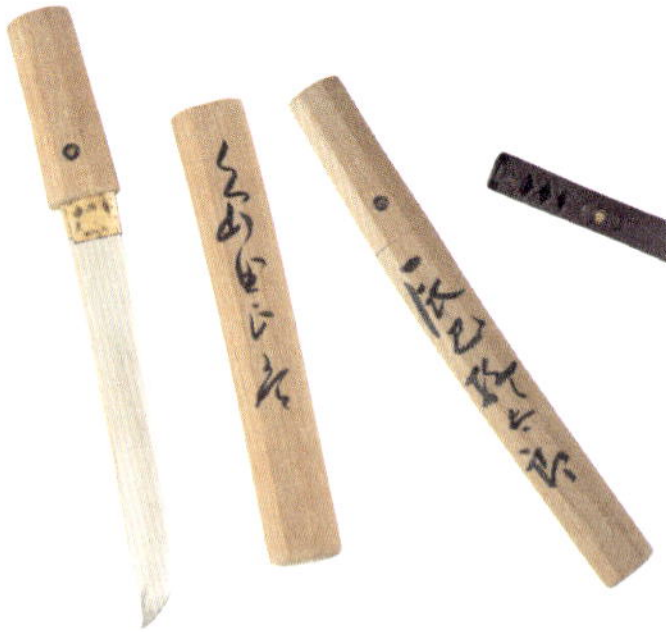

新国劇を代表する、名優・島田正吾氏（左）と辰巳柳太郎氏が使っていた模擬刀。

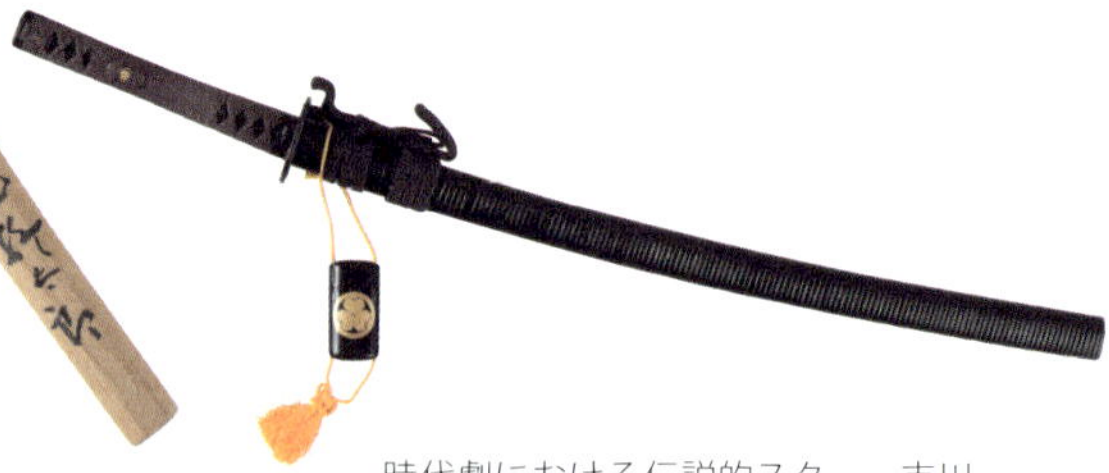

時代劇における伝説的スター・市川右太衛門氏が、代表作「旗本退屈男」で使っていた模擬刀。

ぜ世界に誇る初見先生が、日本国内では一部の武道・武術関係者にしか知られていないのか。それを考えると私はもう無念でなりません。

ひょっとすると海外の人の方が、日本の素晴らしい文化に対する認識が深くて、本質的に価値のあるものを見抜く力を持っているのではないでしょうか。

初見　そういう面はありますね。海外の人の方が良いものは良いと素直に認めてくださいますね。藤岡さんだって、ハリウッドでの評価が高く、日本人で初めての米国映画俳優組合のメンバーに選ばれたんでしょ。

藤岡　おかげさまでいまではスクリーン・アクターズ・ギルド（米国映画俳優組合）の永久会員となっております。

初見　やっぱり大したものですよ。私も最近、勲章（東久邇宮平和賞）をいただきました（笑）。日本でも評価してくれる人もいるんですよ。そうそう、いただいたといえば藤岡さんとも縁深い、旗本退屈男の市川右太衛門さんが殺陣で使った模擬刀も頂戴してましてね。これがそうです。

藤岡　これは見事な！

初見　じつは2019年の予定ですが、野田市の市庁舎で「忍者刀展」

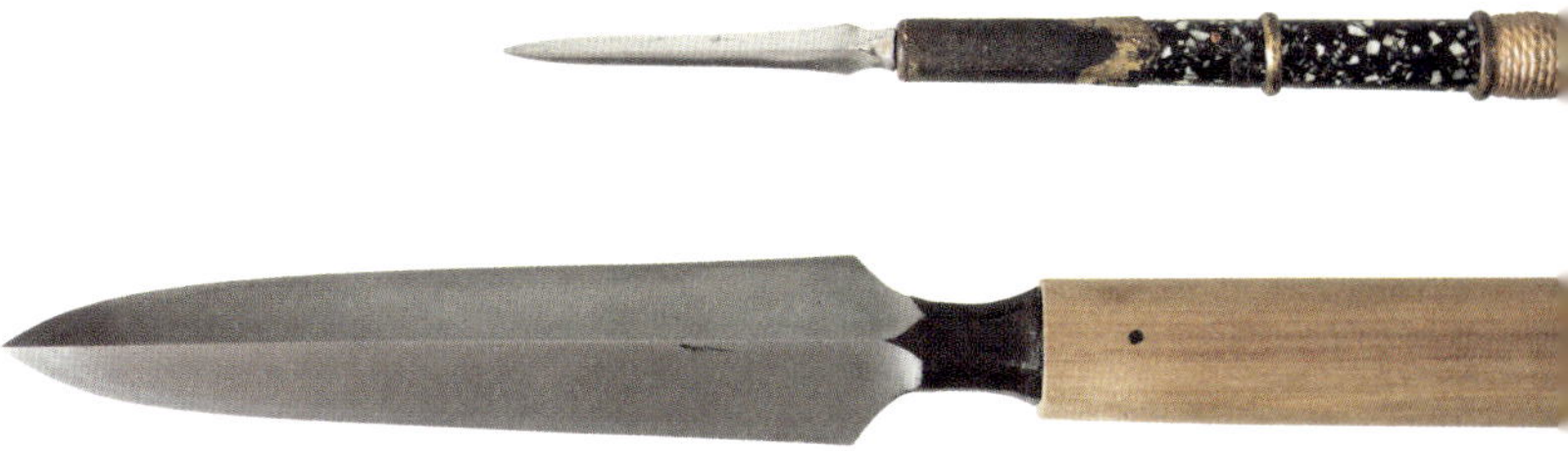

若狭守藤原冬廣作の大槍。上のくノ一の槍と並べるとその桁外れの大きさがわかる。

という展覧会を開催するので、いま面白い刀や槍をいろいろ並べる準備をしているところなんですよ。藤岡さんにも見に来ていただきたいですね。他所ではちょっと見られないような刀をたくさん展示する予定ですので、きっと楽しんでいただけると思います。

藤岡　それは興味深い展覧会です。

初見　野田市が主催で、初めての試みですから、ぜひ。新国劇の島田正吾さんや辰巳柳太郎さんが使った刀もありますよ。

藤岡　それは凄い。

初見　槍だと、若狭の冬廣（藤原冬廣）もあります。これも本邦初公開になるはず。その他の刀剣、槍、忍者刀も、とっておきのものを用意しますので、日本全国はもちろん、世界からも注目される展示会になるでしょう。藤岡さんも、いい刀をお持ちでしょうし、いい刀をたくさんご覧になってきていますよね。

藤岡　いやいや。初見先生のコレクションには足元にも及びません。どれもこれも、博物館や美術館、刀剣商のところでも見たことがない刀ばかりで驚いています。

初見　それは世間の人が、士農工商の商人の見方でしか、刀を評価できない方がほとんどだからですよ。

刀は武士の魂ですから、武士としての刀の観点を紹介していきたいんです。時代劇も市川右太衛門さんの時代のように、たっぷり予算をかけて、道具にもきちんと凝ったいい時代劇を作ってほしいんですけどね。いまなら世界に向けて、忍者の映画でも時代劇でも、もっといいものを作って、発信していけばいいんですけど。

藤岡　おっしゃる通りです。私はいま、その〝とき〟が来ていると考えています。

私は以前から、武士道精神を後世に伝える映画を製作したいと思っていて、いろいろな構想を練っているんですが、初見先生にお力添えをいただけたら、世界中の人を喜ばせることができる映画がきっとできると思うんですよ！

初見　私でよければ、もちろん応援させていただきますよ。

藤岡　それは心強い限りです。

初見　「世界のサムライ」藤岡さんならではの作品を作ってください。またそんな藤岡さんだからこそ、サムライの目で刀剣を見ることができるんですよ。

これなんか、上杉家ゆかりの刀ですよ。お守りに九つの梵字が入っていてね。

藤岡　裏は毘沙門天の槍ですね。よい彫りですね。

初見　そうです。刀剣を集めている人は多いんですが、皆さん気にするのは「銘」でしょ？　私は「銘」より、サムライの見る目で刀剣を集めているんですよ。金より命です。

藤岡　サムライの刀……。持たせていただくと、バランスが良くて持ちやすく、なによりよく切れそうなものばかりです。反りも何とも絶妙で惚れ惚れします。

初見　さすが藤岡さん。いい刀はバランス、切れ味もいいですし、作りも見事です。彫りもいいものだったり、鍔だって素晴らしいじゃないですか。反りが0、力が007《ゼロゼロセブン》なんてね。

藤岡　初見先生の集めた刀は、本当に独特ですね。なんといったらいいのでしょう？　おかしな言い方かもしれませんが、先生の刀はどれも美術品というか観賞用のものではなく、実戦刀ばかりなのに、なんというか、非常に温かさを感じる刀なのが不思議です。

初見　家族を守るための守り刀だったり、一族を守ったりする祈りが込められているんでしょう。一振り一振り、〝愛〟があるんです。

藤岡　まさにそれです！　私も〝愛〟を感じていました。いわゆる殺気のようなものを感じません。

初見　この脇差にしては長いひと振りは、館が襲われたりしたときに、奥方や子供に持たせて戦うためのものだったのかもしれません。

　このように、一つの刀から、一つのドラマができるんですよ。私の言う、刀に関する武士の見方というのはこういうものです。

藤岡　家族愛があるんですね。なんだか優しさを感じます。こういう刀に出会ったのは、私も初めてですね。

上杉氏縁の刀。刀身に梵字と毘沙門天の槍が彫られている。

一振り一振り、会話を愉しむか
のように味わう藤岡氏。

初見　そのように感じていただけるのはありがたいことです。武士の目から見た良い刀には、隠れた美しさと言いますか、侘《わび》・寂《さび》があるんですよ。

藤岡　そのうえで、使い込んだあとのある刀も多いようにお見受けしますが。

初見　美術品としては扱っていませんので、どれも稽古に使っていますから（笑）。実際、これらの刀で無刀捕の稽古もやっていますし。

藤岡　なんと。どれもものすごく切れそうな刀ばかりじゃないですか！

初見　そうですよ。水心子正秀《すいしんしまさひで》の一番弟子、大慶直胤《たいけいなおたね》の刀もあります。これは新々刀の集大成と言える一本じゃないですかね。お酒でいえば大吟醸みたいな傑作です。

藤岡　これは傑作ですね。いいものって軽く感じられます。それだけバランスがいいんでしょうね。

初見　こういう良い刀を使って、世界に通用する良い時代劇を作ってくれないものかと、いつも願っているんですけど。御神酒で酔う幸福感ですよね。

藤岡　私も本当にそういう映画を作りたいんです。

初見　それには予算を集めないと。安い製作費では、安っぽい映画しかできませんから。

　私もいま、忍者と武道の博物館を作ろうと思っていて、そのために世界中から２００億円ほど集めようと思っていまして。

藤岡　２００億円ですか。

初見　そうです。だって、日本はこれだけ武道が盛んなのに、武道の博物館がないなんて寂しいじゃないですか。やはり後世に立派なものを遺すには、ちゃんとした施設が必要ですから。

私の弟子に、インドの大富豪の息子がいまして、その弟子の父親は、ダイヤとサファイアで200億円の眼鏡を作ったというんですよ。世界には、そうしたとてつもないお金持ちもいるんですから、200億円集めて博物館を作るというのも、まんざら法螺話ではないんじゃないですか（笑）。

藤岡　たしかに初見先生なら夢で終わらない気がします。なんといいますか、初見先生には人やモノを集める力が備わっていますから。

刀もそうです。何か目に見えない力で、初見先生に引き寄せられて、先生によって浄化されて刀が清らかで、刀が喜んでいる感じがします。

初見　縁ですよね。縁。

藤岡　ご縁といえば、私もハリウッドとの縁があるので、そろそろ僕も作りたい映画を作ろうと思って動き出しているところです。

初見　私も協力します。ハリウッドといえば、かの地で俳優として大成功した早川雪洲の甥御さんが友人で、彼もハリウッドには大きな影響力を持っているので、今度紹介しますよ。

藤岡　有難い。ぜひよろしくお願いします。

忍者と本多忠勝

藤岡　それにしても、私もいろいろな武道家の方と接してきましたが、初見先生ほど古きよき時代の日本の真髄を内包されている武道家はいませんよ。

私は「日本沈没」（1973年公開、原作・小松左京、監督・森谷司郎、脚本・橋本忍）という映画で主役を演じましたが、日本は今、その精神が沈没しかかっている時代になりつつあります。その失われてはいけない日本の精神を大事にされているのが初見先生で、それゆえ世界から注目、尊敬されているのではないでしょうか。さらに言えば、初見先生は俗世にありながら、俗世に染まっておられない。これがまた素晴らしい。武道家とはいえ現代人ですので、一人の社会人として経済活動も行っています。でも、その俗世の影響を受け過ぎている武道家が増えてしまって……。

その点、初見先生は達観しておられて、現代社会を楽しんでおられる。それでいて、無比無類の高度な武術の技法と見識でもって、世界中から慕われている。こんな武道家、他にいませんよ。

私も武道家として、失敗しても自身で納得いくまで追求する生き方を貫いてきたつもりですが、こうした生き方も、初見先生の存在が少なからず影響しています。

初見　そうですか。

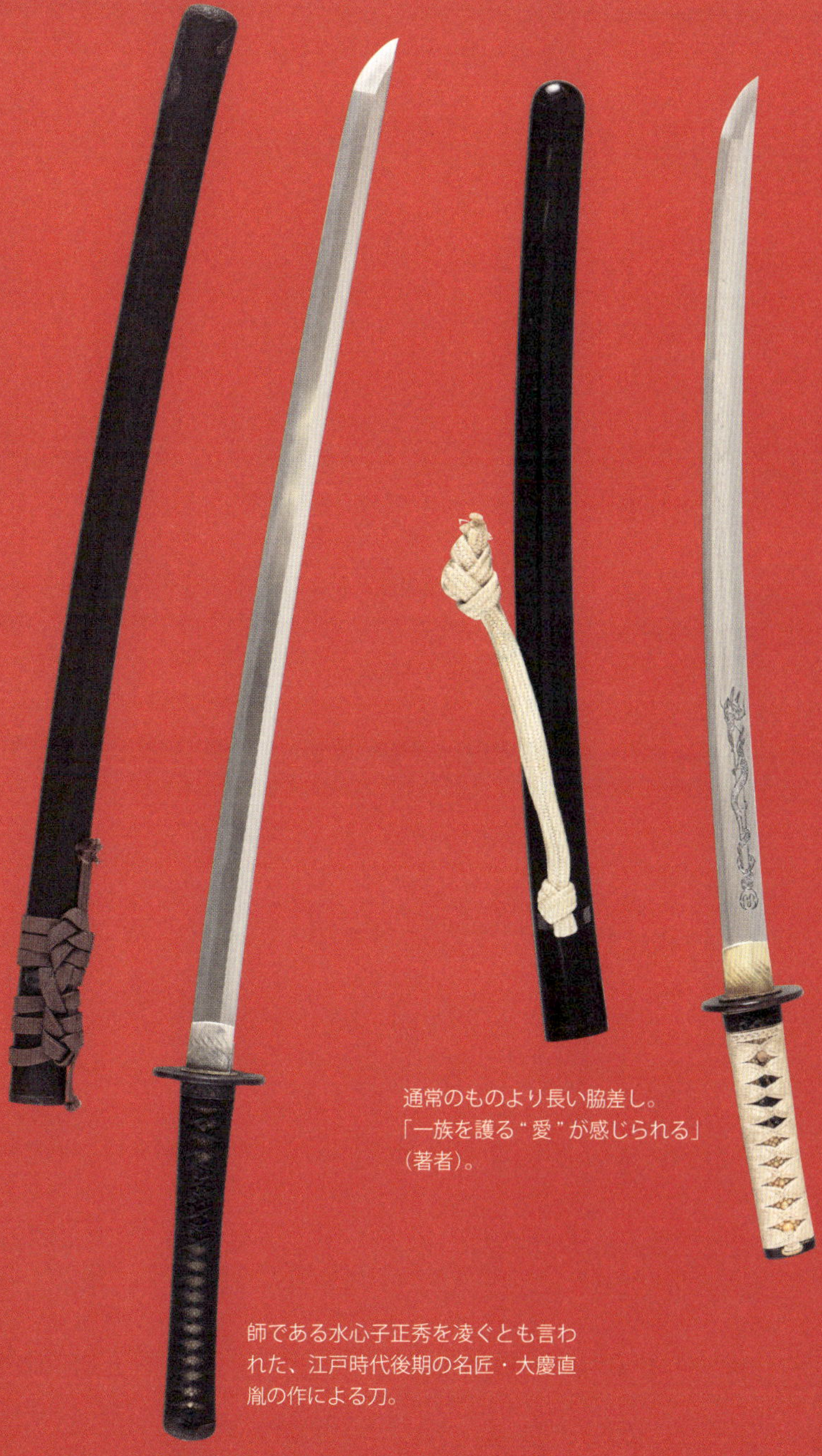

通常のものより長い脇差し。
「一族を護る“愛”が感じられる」
（著者）。

師である水心子正秀を凌ぐとも言われた、江戸時代後期の名匠・大慶直胤の作による刀。

藤岡　はい。過去40年間、初見先生からは著書やビデオをいただいたり、お手紙を送ってくださる中で、いつもぽろっとご助言をいただいて。それが私にどれだけ役立ってきたか！

いまでも感謝しているのは、大河ドラマ「真田丸」で本多忠勝を演じたときです。あの時、初見先生から頂戴した本の中に、小牧・長久手の戦いの際、本多忠勝が豊臣勢の大軍を前に、単騎、龍泉寺川に乗り入れて悠々と馬の口を洗わせた故事を描いた掛け軸が載っていまして、その絵を見たとき、思わず体が震えました。

この絵の中で、轡《くつわ》をとっていた従者は、じつは忍者だったんですよね。忍びの者は存在を消すのが仕事。掛け軸の中とはいえ、忍者が描かれているのか？それが気になって気になって。初見先生が、何かを僕に伝えてくれようとしていると思って、それがきっかけで本多忠勝について資料を読み漁るようになったんです。そうしたら、彼は徳川四天王どころか、天下第一の武勇、武徳の人物だというのがわかったのです。

本多忠勝は、忍者を裏で支えながら、水面下で縁を持って大事にした武将なんですよね。彼は敵であろうと味方であろうと、戦死者に対しては、心底敬いながら敬意を表して弔っていました。また、彼の兜は、全国の寺社のお札を貼り合わせて作ったもので、これは彼の配下の忍者が全国に散って、各地の情勢・地形を調べ、その証拠に持ち帰った寺社のお札で出来ていたそうです。しかも本多忠勝の妹は、甲賀の城主に輿入れしていて、深い縁を築いていく……。調べていくにつれて、ビックリすることばかりでしたが、これらのヒントをいただいたのが初見先生でした。

初見　私も藤岡さんが、本多忠勝の役をやるなんて、ちっとも知らなかったんですけどね。

藤岡　そうなんです。私が初見先生から本多忠勝の絵をもらったのは、「真田丸」の出演オファーが来る前でしたから。でも、初見先生から本をいただいて以来、私は本多忠勝の大ファンになって、「いつかは本多忠勝を演じたい」と強い願いを抱いていました。そうしたら、大河ドラマに出ないかというお話をいただきまして。じつをいうとそれまで10年ぐらい、ずっと大河ドラマの出演は断っていたんですよ。しかし、脚本の三谷幸喜さんが、「たってのお願い」とおっしゃられるので話を聞いたら、なんと〝本多忠勝役をやってほしい〟と！　三谷さんは「当て書き」（先に役者を決めてから、その役者をイメージしながら台本を書くこと）で脚本を書かれる方なので、主役（真田幸村〈真田信繁〉）の堺雅人さんは決定していて、本多忠勝役の私をまず決めないと、他のキャスティングができないんだとまでおっしゃってくださって、もう驚いてしまって。

この不思議なご縁の発端も、じつは初見先生だったのです。

初見　本多忠勝を通して、藤岡さんはそれまで以上に忍者へ興味を持ってくれたわけですか。

藤岡　おっしゃる通りです。ご存じの通り、織田信長は伊賀攻めなどを行い、忍びのネットワークを断とうとしました。あのとき、忍者の家族を裏で庇って受け入れてきたのが本多忠勝でした。その恩返しがあったからこそ、徳川家康の伊賀越えは成功したんです。あれは本多忠勝のおかげで家康は助かったのです。

彼はそれだけ人の心を掴んでいたということです。それも身分の上下に関係なく、包容力を持って、人としての尊厳を大切にしながら付き合ってきた。だから本多忠勝は、57回も戦に出陣し、かすり傷ひとつ負わなかったのです。あれは彼が超人的に強かったからではなく、配下の人々から「死なせてはならない人物だ」と思われていたからこそ、常に忍びの者たちが彼の前後左右上下を守って、「決して殺させはしない」「指一本触れさせない」と命を懸けて、恩に報いようとしたからに違いありません。それだけ人々の心を掴んでいた、稀有な武将、それが本多忠勝だったということを私はたくさんの歴史書、資料から学ばせていただきました。

そのきっかけを作ってくださったのが、初見先生なのです。だから先生には感謝してもしきれません。

初見　いやいや。藤岡さんご自身が、わからない中に、なにかピンと感じたってことですよ。私の〝無刀捕〟だって同じです。無刀捕は五感を超えた何かをコントロールする極意です。そのわからない中に繋がりがある。

藤岡　無の中に実がある……。何とも深い教えです。

鳥獣戯画が描かれた鞘を愉しむ著者と藤岡氏。

初見　禅でも「無」って書きますよね。あれもじつはこういうことです。刀だってそうですよ。刀の作りの中にも、表裏があって虚実があるんです。片方が銀、片方が金でできていたりね。こういう中に「語り」があるのです。

藤岡　何かを秘めて、思いを遺しているわけですか。

初見　ええ。そうした刀の作りを、虚実、陰陽、日月というのです。宇宙観のネットワークですね。

藤岡　それはわかる人じゃないとわかりませんね。

初見　それがわかるのが武人の見方です。商人の見方ではわかりません。でも武士の見方で刀を鑑定できる人がいないので、これは私の仕事かな、と。

藤岡　これを見抜けるのは虚実を極めた初見先生だけですよ。世界も表裏があるだけでなく、底があって、闇があるんです。これを知らないと本質は見抜けません。表と裏を知っただけではまだまだ……。自分もまだまだ修行中の身です。

初見　いや〜、藤岡さんは謙虚でいらっしゃるから。サムライはもっといい加減でいいんですよ。

これなんか見てください。鳥獣戯画の鞘ですよ。ユーモアの真実。喜劇のモリエール、チャップリンですよね。

藤岡　ほんとだ。

初見　やっぱりサムライは粋なものです。本物の侍はある意味いい加減なところがあったわけです。だから、いい加減に楽しむということが肝心で、「いい加減」という言葉だって深いんですよ。なにせ「良い」「加減」ですから。「いい加減」は、決して堕落じゃないんです。

藤岡　いい加減に自分を遊ばせるというか、楽しむというか、それが大事なんですね。

初見　本当に武士というのは、いい意味で優雅な楽しみが好きなので。

藤岡　失礼ですが、先生はこうした名品を何振りぐらいお持ちなのでしょうか？

初見　わかりません。私はすべて答えが無刀捕ですので（笑）。でもこうした刀を通して、世界中の人々に、侍というのは粋なんだよ、というのを知ってもらいたいですね。ゴッホにしても、日本の絵に驚いたわけですから。こういうのは、商人の見方、つまりお金に換算して価値を計ることをしていたら一生わかりません。
私が武人として「いい刀だな」と思う刀は、必ずしも高価なものばかりではありませんから。なんでもそうですが、格のある人は、格のあるものを見ます。それを教養といってもいいでしょう。
藤岡 人によって感じ方はそれぞれで、その人の持っているものによって、見えてくるものと見えてこないものがみんな違う。面白いですね。
初見 日本の刀には、工業製品として世界に誇れるものがまだまだあります。世界のトップデザイナーが見ても驚くような刀がたくさんあるんですから。にもかかわらず、あまりにも武道に関するものを収集・保存・展示する博物館がなさすぎます。
藤岡 そうですね。
初見 だから私は武道の博物館を作ろうとしているんです。日本の博物館は貧乏なところばかりですから、武具の名品なんて集められないんでしょうね。一方で、みんなこういういいものがあるのを知らないんです。やっぱり、モノを見ないとわからないこともあるでしょうから。それもあって、野田市からの要請もあって、野田市の庁舎で今度展示会を開催することにしたんです。
藤岡 それにしても、初見先生のところに集まってくる刀は、どれもひと味違うものばかりですね。一般的な博物館や、刀剣収集家とは全然違う。
私も刀はいくつか持っていますが、実戦刀として斬れる刀しか持っていませんし、

「刀は拵えから観ることが大事」と言う著者。鞘に鳥獣戯画が描かれた珍しい一振りには、サムライのユーモアとそれに応えた鞘師の高い技術という“ドラマ”が感じられる。

竹を模した拵えに収められた“陰陽刀”。目貫は月と土竜（もぐら）、刀身は片面が鎬造り、反対が平造りという陰陽を示した一振り。

自分の「武」にあったものを選んでいるつもりです。その点初見先生の刀は、実戦刀であると同時に個性的であり、面白くもあり、じつに価値ある名刀ばかりです。私のところには、初見先生のような名刀はありません。ただ、斬鉄剣の異名で知られる初代小林康宏刀匠が私のために打ってくださった刀がありまして、それは何振りか大事に所有しております。

私の場合、実際に使って、巻き藁などを切ってみないとその刀の本質が見えてこないので、全部試し切りを行っています。

念と縁

藤岡　いや〜、刀だけでなく、「三舟」、山岡鉄舟や高橋泥舟、勝海舟の書なども拝見させていただきましたが、集まるところには、集まるべくして、集まるものなんですね。これらの逸品は、やはりただのものではないんです。全部魂が入っているんですよ。

私は想いというもの、「念」というものを信じますね。

初見　藤岡さんも世界の紛争地や難民キャンプを回っているから、そういうことがわかるんでしょう。

藤岡　まさに初見先生のおっしゃる通りです。私もこれまで１００ヶ国近くの紛争地帯や被災地などで、救援ボランティアに携わってきましたが、そういう戦場に行くとわかるんですよ。ここで数千人死んだとか、激戦があったとか、ここで粛清されたといった場所に立ってみると、普通ではない波動を感じることができました。胸騒ぎがして、何か感じるものが強くなって……。そういう体験を何度かするうちに、念や魂のこもったものは何か違うな、ということが徐々にわかってきたんですね。

修羅場をくぐってきて、そこに何か残っている、念があるな、といったものを強く感じるようになりましたね。

実際、そういうところに行って、身の危険を感じることもありましたし、体中がブルブル震えて、恐怖を感じたことも何度もあります。頭からつま先まで電流が走るというか、何かはわかりませんが身体が震えてくるんですよね。ただ感じるだけなので、上手くは説明できませんが。

初見　うん。藤岡さんはそういう星の下に生まれた人物なのでしょう。この世で大事な存在なんですよ。いわゆるオーラだってあるし、神と交流しているような何かを持っているんでしょ。

私だって、自分の意識では動かないんです。何か自分以外の意識で動くというか。むしろ、自分の意識で動こうとするときは、「何か、いかんな」と思って、しばらく放っておくようにしています。そうすると上手くいくんですよね。

むかしから惟神《かんながら》と言いますが、これは排他的なものでなく、神結び、神仏と何か結ばれているような人生を送れれば、ひとつの理想なのではないでしょうか。

私も武道の宗家を継いで、不思議だと思うことがありましてね。どういうわけか、私は小さいときから、「自分は27歳で死ぬんだ」とずっと思っていたんです。そうしましたら、27歳のときに高松先生にお会いして、入門。それから先は、自分の人生ではなくなったんです。自分の考えを持たなくなって、いいこともありましたが、悪いことだってたくさんあって、それらを乗り越えて、ここまで成長できたのかなと。

今回お見せしたような刀剣だって、私が集めようとしたのではなく、縁があって向こうから集まってきたものがほとんどです。勝兵挙兵の理があるように。たまたま、「今日は骨董屋に行ってみようか」と思って出かけてみると、凄い掘り出し物に出会えたり、不思議なものです。

藤岡　拝見させていただいた初見先生の刀は、どれもモノではないんです。その価値と真の姿を理解している人と巡り合う力を秘めていて、それが醸し出されているように感じます。

人間でも、生きているのに半ば死んでいるような人もいますし、反対に何かわからないけど存在感、実在感があって、初見先生のように泰然とした大きなオーラのある方がいらっしゃいますよね。それをわかる人とわからない人がいるわけですが、

CIA
ANALYST

そうした力は人間だけでなく、何事にも気を発信しているものがあると、私は考えているんです。これは私が感じることなので、私独自の世界ですけど、私はこうしたものをすごく大事にしたいという気持ちが強いんです。

理論的、科学的なこともたしかに重要なんですが、それよりもこういう見えない世界や、見えないもの、読めないものが大事なのかな、と。

身近なところでは、空気なんて見えないけど大事じゃないですか。見えないものや、見えない存在の方がなんだか気になる感覚があるんですよ。それらに対して敬う気持ちや跪《ひざまず》く心もありまして、謙虚にならざるを得ないし、自分自身を修めようという気持ちになるというか……。

人間って、自分で自分のことが一番わからないと思うんですよ。

こうしたことを考えるようになったのは、武道家であった父の影響もありますが、初見先生と一緒にいると父といるような感じもします。何かすごく安心感がありますし、大きさを感じるというか、変幻自在の枠の中にハマらない大きさを初見先生から感じています。

こうした初見先生の大きさ、存在をどうにか映像で表現して残せないかと、いつも考えているんですが、私の力不足でまだ実現することがかなわず、悔しくてしょうがないんです。

初見　本当にいい映画を一本作りたいですね。

藤岡　それが私の夢なんですよ。だって映像は残りますから。そして映像は全世界、国境を越えて飛んでいきますし、永遠にメッセージを発信し続けることが可能でしょうから。日本の精神が沈没しているこの時代、日本の心、日本の精神を残すための映画作りにポンと投資してくれる篤志家がいてもいいと思うのですが、そうした志を持った侍がめっきりいなくなってしまいました。

映像メディアでも、視聴率や利益ばかりを気にしていますが、もうそんな時代ではないと思うんですよ。

人間、死んだら地位も名誉も財産もあの世には持っていけないんですから。あの世に持っていけるのは、どれだけ人を愛し、愛されたかという思い出だけなのに、お金に執着して、お金の使い方を知らない人が多すぎます。

初見　国士と呼べる人がめっきり減ってしまいましたね。

藤岡　そうなんです。私が思うに、初見先生の世界観は、国境を越え、民族を超え、イデオロギーや宗教を越えて、人間のあらゆるものを包括しているので、そうした侍の精神を通して日本民族の精神と誇りを取り戻す、そんな仕事をやってみたいんです。

初見　時代はそうした映画を求めているはずですよ。

藤岡　おっしゃる通りです。いま世界が日本の侍魂、日本の民族力の原点に大きな注目と関心を持っていますから。それは日本のメディア関係者の想像以上で、ハリウッドなどは完全に日本に向いていています。

ハリウッドを牛耳るディズニーは、人種を越えた映画を作り成功していますし、スターウォーズなんて、侍の師弟関係そのものですし、黒澤明監督へのオマージュじゃないですか。もうハリウッドの映像は東洋に向かっていると私は確信していいます。天と地、横的文化と縦的文化の融合、グランドクロスの要こそ、日本じゃないですか。アインシュタインの予言とされる言葉にも、「来たるべき世界政府の盟主は日本が担うことになるであろう」「そのような尊い国を作っておいてくれたことを神に感謝する」とありますし。アインシュタインはユダヤ人でしたし、日ユ同祖論もあるぐらいですから、感じることがあったのでしょう。

とにかく世界が日本の侍の精神を求めている時代が来ています。私はそれを肌で感じ、理屈ではなく血が騒ぐというか、ご先祖様の遺伝子が、私を内面から突き動かしているんでしょう。

今日もこうして初見先生とお会いできたことを、身体の奥深くから喜んでいます。昨日も「明日は、初見先生に会える」と思うとうれしくてうれしくて眠れなくて、3時間しか寝ていないんです（笑）。

初見　ありがたいですね。やっぱり、藤岡さんとは何か格別の縁があったのでしょう。前世からの縁かもしれませんね。

藤岡　「念ずれば花開く」と言いますが、強く念じれば実現するということなんで

すね。

初見　藤岡さんのお生まれは四国でしたっけ。

藤岡　はい。四国の愛媛です。

初見　愛媛といえば、大洲市の大洲城の所有者でもあった骨董品屋と付き合いがあって、そこからずいぶん鎧や刀などを購入しましたよ。

藤岡　そうなんですか。私の祖先は先代の伊達家につながる伊予大洲藩の武術師範役の家系でして！

初見　それもやっぱり縁なんですよ。

藤岡　先ほどの話ではありませんが、前世からの縁のようなものがあったんですかね。

初見　あると思いますよ。

藤岡　刀もそうですが、人と人とも出会うべくして出会うように導かれるんですね。

初見　私の場合、不思議な縁がたくさんあります。終戦時の総理大臣だった鈴木貫太郎さんも、野田市の人でご縁がありましたし、小津安二郎監督の妹さんはキノエネ醤油の社長さんの奥さんで、野田のすぐ近所に住んでいたんですよ。彼女とウチのお袋とは仲良しでね。そんなご縁で小津監督とも若いころお会いしていますし、小津さんの弟の信三さんとはよく遊びました。信三さんはカメラの名人でしたよ。やっぱり血なんでしょうね。カメラマンと言えば、ハリウッドでも有名なカメラマン、橋村泰臣（HASHI）さんと交友がありました。

藤岡　あの小津安二郎監督と！！　うらやましいです。そういえば、私も不思議なご縁がありまして、大河ドラマで本多忠勝公を演じてから、本多家と関わりのある人たちとの付き合いが急に増えまして。愛知県の方が多いんですが、なぜだろうと思うぐらい、本多家ゆかりの人との出会いが続いています。ひょっとして、私の演技を本多家の祖先が喜んでくださって、それで引き合わせてくださっているのかなと。

初見　きっとそうですよ。じつは私も本多忠勝の槍を探していましてね。彼の愛槍は「天下三名槍」のひとつ、「蜻蛉切」が有名ですな。

藤岡　じつをいうと本多忠勝を演じる前に、初見先生に槍の使い方を教わりに来ようと思っていたんですよ。しかし、大河ドラマと自分の主演映画が同時進行していて、時間の関係でかなわなくて……。でも、槍を使わせてもらうシーンがなくなってしまったので、助かったといえば助かったのですが。

初見　槍は50～60本持っていますよ。柄の面白いものもたくさんあるので、今度お見せします。

藤岡　いや～それは楽しみです。

「ノー・カントリー、アイ・アム・UFO」

初見　やはり、時の流れでしょう。さっき「惟神」と言いましたが、そうしたひとつの変化の時期にちょうどマッチしたからですよ。私は戦中・戦後の人間ですから、アメリカで大会を開くときには、日本刀を持っていきたくなります。アメリカ人も会場に刀を持ってくることがありまして。その中には軍刀の柄に、白い包帯が巻いてあるようなものを持っている。そんなのを見せられた日には、その軍刀を抜いてぶった切りたくなる血の騒ぎを抑えるために「すぐにしまいなさい」と命令しました。

私の叔父も太平洋戦争のアッツ島の戦いで玉砕していますから。日大の工科出身で、軍属としてトーチカ作りに行ったんですけどね。戦地に行くとき、上野駅まで見送りに行きましたが、伯父も「若狭守」（日本刀）を腰に差して行きましたから。だから軍刀を見ると、何か日本人の潜在的な魂が何かの形で伝わってきて、闘志のようなものが湧いてくるので危ないんです（笑）。

藤岡　ロサンゼルスのガン（銃）ショーに行ったとき、戦利品になった軍刀が束になって置いてあって、中には黒い血が固まったような晒《さら》しが巻かれた軍刀もあって、それを見たとき、グ～と胸が締め付けられて……。

初見　ロンドンに行ったときも同じようなことを経験していますよ。ロンドンの骨

CIA

董品屋に行ったとき、日本刀や軍旗が無造作に置かれてまして。

藤岡　日本の刀というのは、ちょっと違うんですよ。一人ひとりの日本人の魂と思いが宿っているんじゃないですかね。

初見　『菊と刀』（ルース・ベネディクト著）という有名な本がありますが、私は『太陽と刀』という本を執筆しようと思っているんです。天照大御神は太陽ですからね。

藤岡　天照大御神ですか。そういえば、世界中の国旗は闇を意味するといわれていますが、唯一太陽で世の中に希望の光を届けているのは、日の丸だけです。

そういう意味で、日本というのは選ばれた国なのかもしれません。100ヶ国近くの海外の国々を巡って、いろいろな民族と会いながら、より一層日本という国を強く感じるようになりました。

私の場合、世界各地の紛争地帯や被災地などで救援ボランティアをやってきたので、そうした戦場のようなところを歩いてきて、自分の中に眠っている先祖の血が騒ぐというか、自己発見がありまして。

「ああ、そうか。先祖はここまで血脈をつなぐのに、どれだけの苦難の歴史を歩み、どれだけの犠牲のもとに、いまこの時代に自分が存在しているんだろう」ということを、改めて気づかされた次第です。正直、日本にいたときは、そんなことひとつも考えたことがなかったのに。国外に出てみて、初めてこうしたことに目覚めたんです。

初見　私が最初に海外に行き出した頃は、「初見を倒せ、初見を殺せ」という連中ばかりが待ち構えていましたよ。初めて行ったのはニューヨークで、その頃は露骨に〝ジャップ〟扱いでしたから。その後も「隙あらば」という人が多かったですね。

藤岡　いや〜、私もハリウッド映画『SFソードキル』（1986年公開、監督：J・ラリー・キャロル）の主役をやったときに〝ジャップ〟と言われてビックリした記憶があります。人種差別があることは知っていましたが、実際に体験してみるとショックでしたね。小道具のスタッフにまで、「ヘイ、ジャップ。カモン」なんて言われましたし……。

初見　私は「ジャップ」と言われたときには、ジャンプしてやりましたよ。はっはっはっは（笑）。

藤岡　（爆笑）さすが初見先生！

初見　「アイ・アム・ニンジャ」って言いながらジャンプしてやったら、連中も大笑いしていましたよ。

藤岡　傑作です。私なんてジャップと言われて衝撃を受けて、呆然としてしまいましたから。

初見　やっぱり勉強ができなくてよかったと思ったもんです（笑）。

藤岡　先生には敵いませんね（笑）。

初見　私は初めてアメリカに行ったとき、「アイ・アム・ノー・ジャパン、アイ・ア

ム・ノー・カントリー、アイ・アム・ＵＦＯ」って言ったんですよ。

藤岡　ＵＦＯ？

初見　そうです。国籍をなくして、日本人じゃない、ＵＦＯなんだってことで、友達になったんです。

藤岡　なるほど〜。

初見　それで、アメリカ各地でツワモノたちと手合わせするたびに、相手をコロコロ転がしてやってたら、アメリカ屈指のカメラマン（前出の橋村氏）に私の動きを撮影させたいという話になりまして。彼は１シャッター＝１万ドルと言われたカメラマンでね。１９８２年でしたから、だいたい１カット２５０万円ぐらいですか。合計４枚撮影して、その写真はいまでも武神館に飾ってありますよ。

なので、大会などに出向いたときは、「私

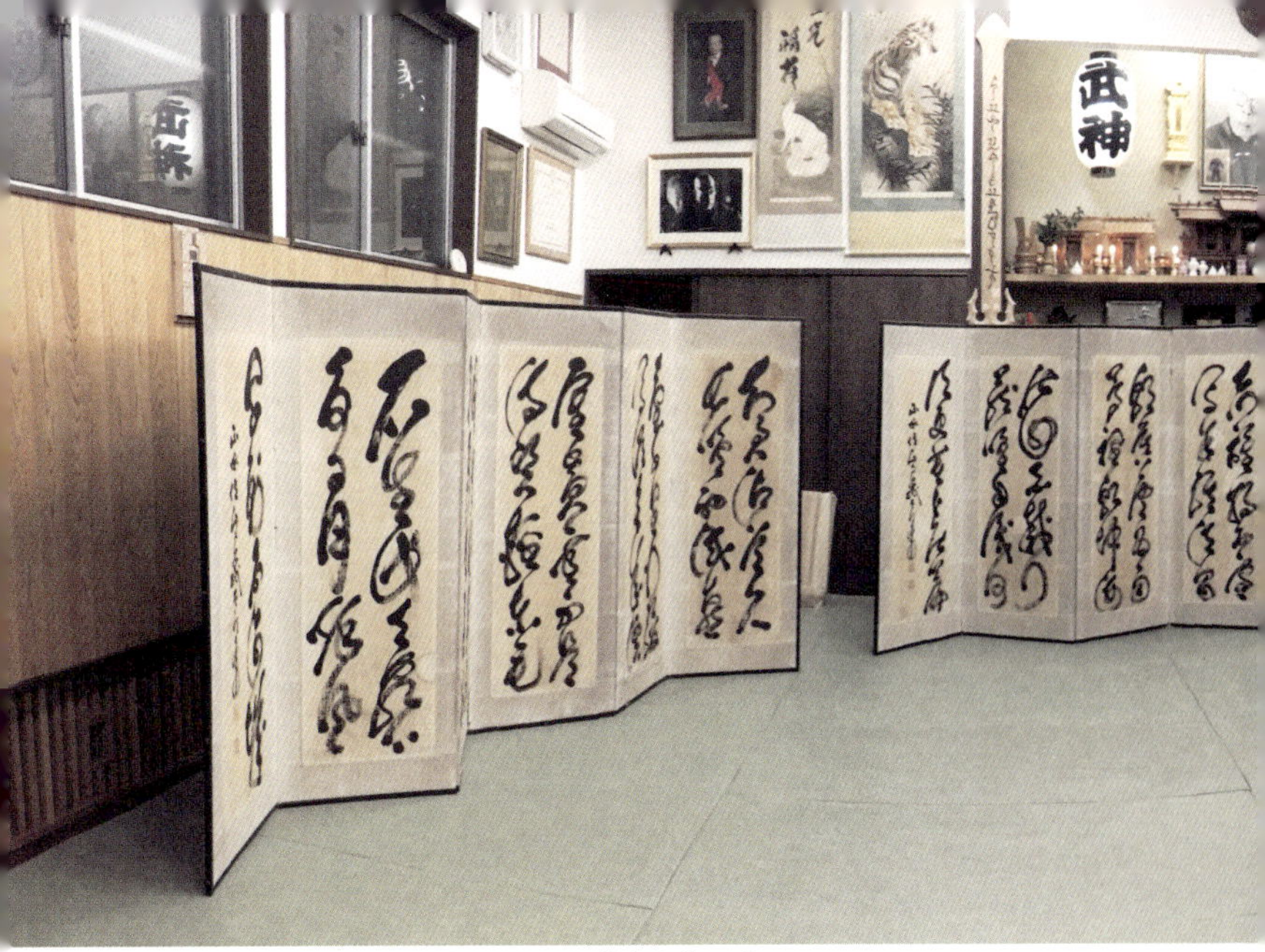

武神館道場で山岡鉄舟の書に囲まれる著者と藤岡氏。

は一動作、1万ドルの男なんだ」なんて、バカなことも言いながら、アメリカをコントロールしてきたんです。「ワンアクション1万ドラ（ドル）」と言うと、彼らは「ザッツライト」と言いましたね。

藤岡　アメリカで忍者ブームが起きるのはそのあとですね。

初見　忍者ブームも1年で消えましたよ。ホンモノでなければすぐにそっぽを向かれるのがアメリカです。

私のもとに入門してきたのは、FBIとかCIAとかシークレットサービスとか軍の特殊部隊の隊員とかが多かったし、あとはお医者さんとかインテリが多かった。そうした彼らが私の武術を知ることで、忍者ブームを1年で消してしまったんですよ。忍者映画もすぐに下火になってしまって、そういう意味では関係者には悪いことをしたのかなと……。

なぜ忍者は海外から注目されているのか

藤岡　そうだったんですか。でも、忍者、忍びの者に対する興味と関心は、いまもまだ世界中で持っていますよね。とくに初見先生がおっしゃる通り、エリートやインテリ層ほどそういう傾向が見られます。

初見　武神館の弟子はそういう人が多いんですよ。いまは亡くなりましたが山口淑子さん（1920年〜2014年、女優。李香蘭の名前で戦前の中国で活動、戦後は本名・山口淑子で復帰、政治家としても活動する）を部下にしていた情報関係の古参の方や、米軍の立川基地の高官だった方も私の40年来の弟子であり武友でした。FBI、CIAの方などもわざわざ日本まで来て稽古しています。

藤岡　対テロリスト特殊部隊や情報機関など危険な仕事に従事している人々は、忍びの者の世界に対しては、とてつもない関心を抱いているのでしょう。

初見　イスラエルに行ったときは、ナチスのアイヒマンを潜伏先のアルゼンチンで捕まえたモサド（イスラエル諜報特務庁）の担当官、ハビッツさんと4時間ほど対談しましたが、彼はアイヒマン逮捕の瞬間、ピストルを持たず丸腰で捕まえたそうです。彼曰く「武器は友達にならない」と。彼は絵も描く天才で、いろいろ話が合いました。

藤岡　日本は忍者の国なのに、いまの日本には本当の情報機関があるんですかね？
　太平洋戦争では情報軽視で負けたわけですよね。よその国は国益追求のために情報活動を活発化させているのに、日本はこのままでいいのでしょうか。

初見　海外は本当に熱心ですからね。FBIに行ったときも、彼らがリサーチし、「初見は武道のエキスパートだ」となったら、自分たちの参考にするために、私を招待するのではなく、ポッと連れていってしまうんですから。口外できない秘密基地にも招待されたのか、連れて行かれたのか（笑）。

　FBIのマーシャルアーツの訓練は、道場の中ではなく、大きな町を模した実戦地を作り、街をまるごと作っちゃうんですね。そうした複合訓練施設でやるんです。このFBIで指導をしたとき、FBIのカメラマンが、私たちが前列と後列の二列に並んだところを撮ろうとするんだけど当時私は悪い癖があって、カメラのシャッターを押そうとすると、サッと姿を消してしまうんです。それで「初見が写らない！」となって（笑）。仕方がないので弟子にシャッターを切らせたところ、今度は全部撮れて、これにも彼らは驚いていました。

　北アフリカでロンメル将軍と戦った、イギリスのSAS（英国特殊空挺部隊）の少佐とも親友でね。私がロンドンに行くと、いつも飛んできてくれました。

　イスラエルの近接格闘技＝クラヴ・マガの考案者、イミ・リヒテンフェルドさんとも親交があって、彼がイスラエルの軍人や格闘家に「初見の武術は素晴らしい。みんなこれを習え」って働きかけてくれたもんです。

藤岡　紛争地帯にも行かれたことがあるんですよね。

初見　ええ。ゴラン高原なんかも行きましたよ。

藤岡　ゴラン高原！　私も行きました。

初見　ゴラン高原に行ったときは、兵舎に泊まったんですよ。そうしたら、その晩に襲撃を受けて、隣の部屋の人が3名殺されました。そうそうマイク・タイソンを逮捕した警官のロバート・ジョンソン君は武神館の師範の一人です。とにかく気立ての良い武友です。凄い戦歴がある弟子がたくさんいますよ。

藤岡　初見先生のお弟子さんは、いま世界中に何人ぐらいいらっしゃるのでしょう？

初見　ざっと50万人ぐらいでしょうか。もうネットワークが世界中に出来上がっているんですよ。だからいまは私が海外を回らなくても、彼らが日本にやってきて、野田の武神館で稽古するようになりました。

出版社を経営している弟子もたくさんいますので、1冊本を出すと、すぐに世界中で翻訳して出版してくれるんです。英語、フランス語、スペイン語、イタリア語とたくさんの国で読まれていて、先日もアメリカで私の本がベストセラーになったとニューヨークタイムズでもニュースになっていました。

藤岡弘、（Hiroshi Fujioka）

俳優・武道家。1965 年、松竹映画にてデビュー後、青春路線で活躍。1971 年、「仮面ライダー」で一躍ヒーローに。 映画「日本沈没」「野獣死すべし」などを始め、テレビでも「勝海舟」「白い牙」「特捜最前線」「藤岡弘、探検シリーズ」他で数多くの主演を務めている。「実をもって虚となす」をモットーに、アクションシーンにおいてはスタントを使わず自らこなすアクション俳優として映画界を牽引してきた。

1984 年、ハリウッド映画「SF ソードキル」の主役に抜擢され、国際俳優として日本人初のスクリーン・アクターズ・ギルド（全米映画俳優組合）のメンバーとなり、ハリウッド関係者との親交も深い。CM ではセガサターン（せがた三四郎）、オートレースで２年連続 CM 大賞を受賞。

斬（真剣による演武）を世界でも行う武道家としても知られ、柔道、空手、刀道、抜刀道、小太刀護身道他、あらゆる武道に精通。また国内はもとより世界数十ヶ国の紛争地域、難民キャンプにて救援や支援活動を展開してきた。

2010 年、芸能活動 45 周年を迎え、闘う男のサバイバル珈琲、有機栽培「藤岡、珈琲」をプロデュース。2015 年、芸能生活 50 年を迎え、2016 年のＮＨＫ大河ドラマ「真田丸」へ本多忠勝役にて出演。また同年３月に公開された映画「仮面ライダー１号」では、45 年ぶりに本郷猛役で単独主演を務めている。

藤岡　それだけ世界が初見先生を必要としているのでしょう。一方、日本の若者の将来が心配ですよ。歴史を知らない人が多すぎますし、何でもインターネットで調べただけで、知ったつもり、わかったつもりになって、経験・体験をしなくてもいいという風潮すらあるように思えます。

　そうしたいまの日本の若者たちに、初見先生の存在を知ってもらい、今回見せていただいた宝剣の数々や、勝海舟、山岡鉄舟、西郷隆盛、沢庵禅師、柳生宗矩、明石元二郎といった偉人たちの書に触れて、日本人の誇りを取り戻し、魂を鼓舞してもらいたいですね。

初見　そのために私は博物館を建てたいんです。そうそう海舟の書を一枚差し上げましょう。

藤岡　ええ！？　これはとてもいただけるものでは……。

初見　いえいえ、二枚ありますから。どうぞ、藤岡さんなら大事にしてくれるでしょう。

藤岡　それでは……、お言葉に甘えてありがたく頂戴させていただきます。

初見　どうぞどうぞ。

藤岡　家宝にさせていただきます。博物館のこと、ぜひそうしてください。初見先生は日本の将来のために欠かせない存在ですので、一人でも多くの若者に知ってもらいたいですね。

初見　いやいや。藤岡さんだって必要とされていますよ。今日活躍されているのも、召命や天命があるからでしょう。

藤岡　そうかもしれません。〃何か使命があって生かされているんだ〃という自覚は、小さいときから持っています。

というのも、私の故郷は空襲に遭って、全焼しているんですよ。いわゆる松山大空襲（愛媛県、1945年7月26日）です。その頃、私の母は身重で、お腹の中に私がいて病院に入院していたのですが、その空襲の前の日に、担当の医師と喧嘩して、自主的に退院。医師からは「退院したら、あなたの身体は保証できない」と言われたのにもかかわらず、実家に帰ってしまったのです。

そうしたら次の日に大空襲があって、松山市内は焼け野原に……。母のいた病院も被災し、全焼。入院患者では実家に帰った母だけが、唯一の生き残りでした。そして母と喧嘩した院長も、喧嘩後松山市外に出かけていて、空襲を免れ、焼け跡になった病院の前で呆然としていた父と再会。父に向かって「あなたの奥さんは無事です。昨日、実家に帰りました。奇跡です」と伝えてくれたそうです。

この話は、母がいつもしてくれました。「お前はじつに運がいい」と。

母のおかげですね。あの空襲で母だけが生き残ったんですから。それだけじゃないんです。生まれてからも幼少の頃は病弱で、1歳の頃肺炎になって、医者がさじを投げて、「いまのうちに遺影を撮影しておきましょう」とまで言われたのですが、母があきらめずに懸命に看病してくれて、奇跡的に回復しましてね。

この話にはもうひとつ続きがありまして。じつは私が肺炎でぐったりしているときに、私を一番かわいがってくれた祖父が危篤になったんです。私の両親は迷った末に、私も一緒に西条市の実家まで雪の中クルマで出かけ、臨終に立ち会いました。祖父は息を引き取る間際に私の手を握り、「よう来た。お前の病気は俺が持っていってやる」と言い残し、天に昇っていったそうです。

そのあとウソのように急速に私の病が抜けていき、回復することができました。その他にも、これまで何度も危ない場面に遭遇してきましたが、いつもギリギリのところで回避して今日までやってこれたのですが、私は祖先やその他の加護があって生かされているんだなと、心底実感しています。

もうひとつ大事なことは、私だけでなく、人間はみんな奇跡のような存在なんです。誰もが何らかの使命を持って、この世に生まれ、生かされているに違いないと思うんです。

だから私は「生かされているこの命に心から感謝する気持ちを忘れないようにしろ」と両親から言われて育ちましたし、いまでも感謝を忘れていません。

初見　やっぱり何かあるんですよ、この世でやるべき使命のようなものが。

じつは私は死んで生まれたんです。

藤岡　えっ！　死産だったということですか。

CIA

初見　死産のような状態で生まれてきて、逆さに吊るされて、叩かれて、それでようやく呼吸をし始めたんだそうです。

そういう意味では、生まれながらの忍者だったんですな（笑）。

よく「お前は難産だった」とお袋に言われたもんですよ。死んで生まれて、産婆さんに吊るされて、いくつかぶん殴られて、サンバのリズムで産声を上げたそうです（笑）。本当はこの世に生まれてきてはいけない悪い奴だったのかもしれません。それがこうして生きているんだから、「その分、いいことをしなさい」ってね（笑）。

藤岡　いや～、それも壮絶な体験ですね。私の例の遺影用に撮影した幼少時の写真、じつはいまでも残っているんですが、それを見ると、自分でいうのもなんなんですが、かわいい顔をしておりまして（笑）。でも影が薄くて、精気がなくて、弱々しくて……。それから病弱だった私を心配した父が、武道的な身体を作らないとダメだと言い出して、家伝の古武術を厳しく仕込むようになったんです。でもそれがよかったのでしょう。幼いときの私は引っ込み思案でしたし、虚弱体質でしたし、最悪、最弱の子供でした。それがいまこうして元気でいられるのは、武道のおかげだと思っています。そんな私が人並み以上に健康な大人になったのですから、何とも不思議な感じです。

初見　私も小さいときは虚弱だったんですよ。

藤岡　えっ、初見先生が！　信じられませんね。

初見　本当なんです。ウチは兄弟で男の子は私一人で、旧家の跡取り息子だというので、乳母日傘で育てられてしまってね。お袋は戦時中でも私に白いものしか食べさせなかったぐらいです。白いものというのは、白米、精製された砂糖、湯冷まし、白身の魚とかね。〝粗朶（そだ　細い木の枝）っぽろ〟と言われるぐらい、ガリガリに痩せ細っていて、ですから弱々しい子供でした。

藤岡　想像できません。

初見　うちのオヤジは日本橋のマグロ問屋の跡取り養子息子だったんですが、「飲む・打つ・買う」の三拍子そろった放蕩ぶりでして。おまけに酒乱で、酔っぱらうと、刺身包丁や長さのある鮪包丁を振り回すものだから、それを取り押さえるために武道を習い始めたんです。

藤岡　それが武道修行のきっかけだったんですか。

初見　そうなんです。当時は自宅のすぐ脇に火事を知らせる半鐘があって、酔っぱらうとオヤジが火の見櫓

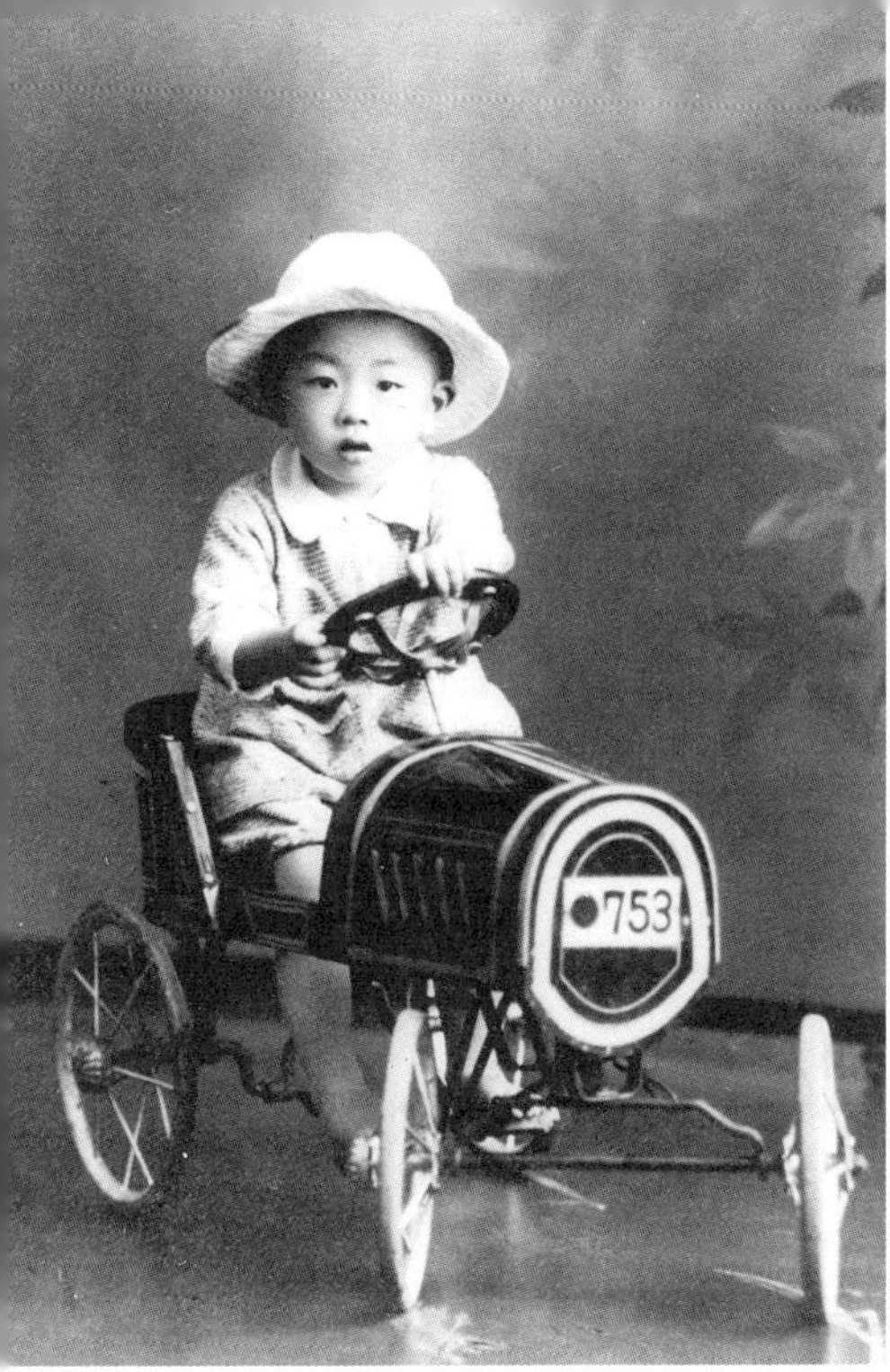

著者、３歳の頃。

人間はみんな奇跡のような存在なんです。
誰もが何らかの使命を持って、この世に生まれ、生かされているに違いないと思うんです。

「武道は生活から出発しなさい」っていいますけど、やっぱり大事です。私が勘がいいのは、その経験があるからです。

に登って、その半鐘を叩くんですよ。当然近所の人が集まってくるので、「おっとう（御父）、火事はどこだ？」と聞くと、バツが悪そうに、「火事は満州だ」なんて答えましてね。

藤岡　はっはっはっは（笑）。

初見　まったくしょうがないオヤジでした（笑）。毎晩のように酔っぱらって帰ってきて暴れるもんですから、１００ｍ離れたところから、オヤジの足音で目を覚ますようになり、玄関を開ける前に包丁やら何やら危険なものを隠すことが習慣になってしまいました。そういう鋭敏な感覚が磨けたという意味では、オヤジが最初の武道の師匠だったと言えるかもしれません。

よく、「武道は生活から出発しなさい」っていいますけど、やっぱり大事です。私が勘がいいのはその経験があるからです。

それから、親父が言う「早寝、早飯、早糞は男の美点」も身につきました。魚河岸でしたから、飯をゆっくり食ってると「商人は座って食うな」とぶん殴られましたから。悪いことやると、刺身包丁で峰打ちされたりしてね。

その代わり、家が裕福だったので、お金は一銭も苦労したことがありません。オヤジ自身が道楽もんだったので、子供の私がいくら使っても文句は言われませんでした。「早飯、早糞、芸のうち」って言いますけど、海外その他に行っても、メシを食うのは私が一早いんですよ。私のように早く飯が食える人は、大勢の門下生の中でも、一人もいませんでした。乗車する新幹線がホームに見えても、立ち食いそばを食べて間に合って、車内でゆっくり過ごすなんてことはしょっちゅうでしたし。

藤岡　さすがですね〜。

初見　だからやっぱり生活、生い立ち、その流れっていうのは大事ですね。幼いときは、お袋の影響で偏った食事をしていましたが、その反動もあって、物心ついて自分で何でも食べるようになってからは、身体が丈夫になりました。学生の頃は器械体操の選手にもなりましたし、武道は戦争中でしたから、小学校の頃から本格的にやっていましたよ。そういう時代だったし、そういう環境で育ったので今日の私があるんです。

武道も高松先生に出会うまでに、いろいろな先生に学びましたから。その道をやり抜いた立派な先生もいらっしゃいましたし、中には武道詐欺師のような人もいましたよ。そして27歳のときに縁があって高松先生に出会ったわけですが、最後に出会った高松先生こそ、本物の中の本物でした。それに対し、武道ブローカーのような先生には、月に50万円も払いましたね。いま考えれば古武道ではなく「虚武道」でしたが、3年も自宅に呼んでその先生に習っていました。柔道も講道館で五段まで取りました。大学は明治大学で、柔道部も名門でしたが、柔道部には入りませんでした。部活に入ると遊ぶ時間がなくなってしまうのでね（笑）。

その代わり、講道館道場（文京区春日）に通っていました。講道館では高段者の

武神

武神
CIA

素晴らしい先生に習うことができましたので。そこで稽古を積んで、柔道では五段まで印可されました。

若い頃に、そうした立派な武道家の先生から武道ブローカーのような訝《いぶかし》い先生まで、いろいろな先生と交わってきたおかげで、私の師匠、高松先生に巡り合えました。

高松先生は指導料の類を一切受け取らない方でした。もちろん交通費はかかりましたが、入門してから15年間、千葉から奈良まで夜行電車で行って、夜行電車で帰る生活を、高松先生がお亡くなりになるまで毎週末続けておりました。

藤岡　毎週、千葉から奈良まで15年間も通われたんですか。

初見　そうです。平日は整骨院をやっていましたので、毎週夜行電車で片道16時間以上かけてね……。

高松先生は、中国のラストエンペラー（溥儀）の叔父さん（連啓明）にもかわいがられていたんですよ。中国武術の達人でもあった、張作霖の弟（張子龍大佐）と試合をして仲良くなり、義兄弟にもなっています。彼も張作霖爆殺事件の際、兄と一緒に亡くなったそうです。

高松先生からは、大陸時代の話もたくさん聴いておりますし、いわゆる生きるか死ぬかの実戦技まで教わっていますが、公表できない内容がたくさんあります。

稽古に際しても、高松先生が真剣、私が木刀で対峙、なんてことも当たり前でした。だから、強くなるというよりも、修羅場の実戦の感覚を教わったのです。

藤岡　だから世界中を腕一本で回ることができたんですね。

初見　腕一本というより、お銚子6本ですよ（笑）。阿修羅みたいですね。アメリカやヨーロッパに行くときは、飛行機はファーストクラスで、必ず熱燗を6本出してもらいました。6本というのは阿修羅の手に習って、手酌6本と言うことになりますか（笑）。

ホテルも最上級のところを選んでね。勝負云々ではなく、要領よく世界を駆け回ってね。私の武者修行は、要領がいい旅でしたね。もちろん、はじめから豪華な旅をしていたわけではありませんけど。

藤岡　世界を巡られると、国や人種によってもずいぶん対応が違ったのではないでしょうか。

初見　国や人種はさまざまですから。イギリスで大会をやったときは、IRA（アイルランド共和国軍＝イギリスからの独立闘争を行ってきたアイルランドの武装組織）の兵士なども参加していましたから。戦場で手榴弾を投げ合っていた、イギリス兵とIRA兵が、武神館の大会で再会し、一緒に稽古して、仲良くなったりなんてこともありましたよ。

アメリカのクリーブランドでの大会では、アメリカで一番の殺し屋と言われた男も参加して。みんな怖がって誰も近寄らなかったんですが、私は彼に「カモン！ウエルカム」と言ってハグ（抱いて）してやったら、泣き出しちゃってね。彼は怖がられた存在だから、ハグなんてされたことがなかったみたいです。それから稽古をつけてやったら、友好的な人となりでした。
　アメリカには忍者ブームになれば忍者の格好をし、カンフーブームになればカンフーの格好をして、メディアに登場しようとする輩も多いんですが、やっぱり偽物は長くは通用しませんよ。
藤岡　やはり海外には、生きるため、生き残るために、真剣に「武」を求めている人は多いんですよね。そして、そうした武のプロフェッショナルほど、こぞって初見先生の教えを乞いたいと集まって来ていて、日本人の武道修行者より、命に対するリアルな危機感を持っているというか、実戦を生き延びる術を先生から学ぼうとしているように思えます。
初見　海外の弟子たちは、技の奥義はわからなくても、「これは必要だな」と思うと、地球の裏側からだってやってきます。それが素晴らしいんですよ。
　日本人なら、〝わからないと〟すぐにあきらめてしまいますけど……。
藤岡　彼らは、先生の教えを覚えて帰らないと、戦場や事件の現場で、命を落とす危険があるわけですから、学ぶ意欲、集中力が段違いなんでしょうね。
初見　いま、武神館に通ってきている弟子たちは、修行歴30年、40年という人が半分以上ですよ。
藤岡　凄いですね～。

初見　彼らにはいま、「無刀捕」を教えています。「無刀捕」というのは、教えたってなかなかわかるものではないでしょう。でもわからないけど稽古に来る。

藤岡　私も自宅に小さな道場を構えていますが、自分のための修行場という感じでして……。ただ世界の紛争地や被災地をボランティアとして回るようになって、自分の未熟さや恐ろしさ、恐怖を知って、でもそんなことは言ってはいられない。日本から一歩外へ出たら、自分の身は自分で守らないと誰も守ってはくれないんだ、という現実を目の当たりにしてきましたので、ちょっとでも武道の心得がないとと思うようになり、自分なりに稽古を怠らないようにしているつもりです。

初見　藤岡さんは、お父さんから武道の手ほどきを受けたんですよね。

藤岡　ええ。基礎的なことは父から習いました。本格的には、高校時代に柔道を学び、それから柔術的なことも学び、抜刀道、刀道、棒術、空手、その他を、いろいろな師について勉強させてもらいました。どの先生も個性的で、各々教えが異なっていました。しかし、「あらゆる師について、先入観を持たずに白紙の状態で、謙虚にいろいろな先生から武道を学びなさい」というのが、私の父の教えだったので、その父の教えを大事にしてきたつもりです。いまでもこの父の教えはありがたかったと思っています。

武道の世界は、あまりにも深すぎて、自分にとってはまだまだ手が届かないことばかりなのですが、剣術でも体術でもその他の武器術でも、学べる機会があれば何でも教わりたいと思っています。その分、広く浅い修行でお恥ずかしい限りなのですが。

初見 そんなことはありませんよ。藤岡さんは一流の域に達していますよ。私の師匠の高松先生も、「武道をやっているとか、やっていないとかではない」とよくおっしゃっていたものです。戦争中は訓練された兵士だって、武道などまったくやったことがない子供に殺されてしまうことだって珍しくなかったわけですから。

藤岡 そうですね……。

初見 なまじ、武道の経験があったがために、かえってマイナスになることだってありますしね。

だから最後にモノをいうのは、武道の技ではなく人間力です。貫忍不空《かんにんふくう》です。実際、達人と呼ばれるほどの人たちは、みんな同じような感覚の持ち主ですよ。どんな社会でも、これが大事なのではないでしょうか。私はそのように考えています。

ひとつのことをやり抜いて、大成された方はみんな同じ感覚をお持ちですよ。幸い私には武運があって、長生きできて、いい師匠を見つけることができました。そして師匠から伝えられた武道の伝統を守れたということが、本当に有難いな～といつも感謝しております。

藤岡　初見先生は御年おいくつになられるのでしょう？

初見　今年（２０１８年）の12月で87歳になります。私は高松先生から九流派の宗家を継承していますので、これまで毎年違うテーマを弟子たちに教えてきたんですが、ここ数年はいよいよ「無刀捕」を教えはじめました。

というのも、高松先生に教わった技法を一通り弟子たちに教えるのに42年かかったからです。つまり、１クール＝42年。高松先生がお亡くなりになってから、42年かかって、先生の教えをようやく一通り弟子たちに伝えることができたので、それならということで「無刀捕」を教えはじめたのです。

藤岡　42年間学び続けたお弟子さんが大勢いて、その方たちがいま「無刀捕」を学ばれているんですね。

初見　そうです。そして私は組織というのを作りません。一子相伝もナシです。世界中、どこに行ってもマンツーマンで教えてきました。誰か後継者を絞ったりすると、権力が集中してヘンな組織が出来上がってしまいますから、それを避けたかったんですよ。スポーツ界でも、アマチュアボクシングや体操協会、アメフトなどで不祥事がありましたよね。ピラミッド構造の組織が出来上がると、必ずヘンなのが出てきてしまうんです（笑）。

藤岡　いや〜、でもそれは初見先生が飛び抜けた実力者だからこそできたのでしょう。

初見　組織化なんてしないで、マンツーマンで教えている方が気楽でいいんですよ。もう一通りは弟子たちに伝えきったので、私が死んだら、皆が引き継ぐ人がいるでしょう。無責任なようだけど、これが一番いいんじゃないですかね。私だって、高松先生が亡くなってから、ずっと手さぐりでやってきたわけですし。

まあ、「親はなくても子は育つ」。そう楽観していますよ。あとは、法螺を吹いていればいいと思っています。そうすればどうにかなるってね。はっはっはっは（笑）。

藤岡　法螺だなんてとんでもない。初見先生のひと言ひと言が、これからの日本の武道界の財産になると確信しています。

初見　私も何か武道の世界に財産を残してあげたいので、とりあえず、今年いっぱいは、できるだけいい刀剣を集めようとしています。来年の「忍者刀展」がありますから、それが現在のテーマですね。それが終わったら、刀の収集はとりあえず一段落して、また次のテーマに取り組みますよ。

BVB
09
EVONIK

私の描いた絵の展覧会も、これから世界各地で開催する予定があるんです。絵画の本も出ましたし、世界に飛んでます。本ももちろん楽しみですが、初見先生の半生を映像化したら、ものすごく面白い作品になりそうな気がするんですが。

藤岡　ありがとうございます。藤岡さんにも差し上げますよ。

初見　はっはっはっは（笑）。

藤岡　初見先生は、武を志す者にとってのあこがれの存在ですから。私自身、武に関する興味関心は人一倍持っていましたが、武道家として身を立てるほどの器は持ち合わせていなかったので、映像の世界に入って、自分は生かされたと思っています。だけど、精神的なもの、心の持ち方、心構えは、武的なものによって構築され、守られてきたのかなと。ぶれない自分、一匹狼になったとしても、自分の信念を貫くことができたのは、武道を修行したおかげです。

芸能界には独特のしきたりがありますが、どちらかというと、私はそれから距離をとってきた存在だと自負していますし。

初見　狼とは大神の同音ですね（笑）。それは素晴らしいことですよ。私だって、武道家に染まっているわけではありませんから。武道家のふりをしているだけです。

藤岡　またまたご冗談を。

初見　本当ですよ。日常生活はだらしないもんです（笑）。ただ女性には狼と言われたいですね（笑）。その点、芸能界を立派に生きる方というのは、大したもんです。

藤岡　たしかに素晴らしい先輩方もたくさんいらっしゃいました。そしてそうした先輩方がそれぞれお持ちになっていたいろいろなものを学ばせていただき、吸収してまいりました。そうした中、心残りなのは、高倉健さんと一緒の映画に出演できなかったのと、黒澤明監督と仕事ができなかったことですね。

でも、高倉健さんには撮影所で声をかけていただいたことがありまして。

「ボクはある映画で、キミ（藤岡弘、）のことを推薦しておいたんだけど、お話はありましたか」ってね。ビックリして「いや、そんなお話はいただいておりません」と答えると、「う～ん、そうでしたか。今度ぜひご連絡ください」と言って、名刺をくださったことを覚えています。ものすごく誠意を感じた、大人物でした。

初見　高倉健さんは、明治大学の空手部出身なんですよ。学生時代、ときどき学内でお会いしていましたよ。やっぱり目立っていましたね。やっぱりスターになる方でしたよ。

藤岡　高倉健さんがお亡くなりになったあと、ある人から「藤岡さん、健さんはアナタのコーヒー（「藤岡、珈琲」）を飲んでいたんですよ」って言われましてね。それを聞いて、もうびっくりしてしまって……。そのときはもう胸がジーンとしましたね。そういう方だったんです、高倉健さんは。

初見　私も頂戴しましたが、「藤岡、珈琲」は美味しいコーヒーですね。

藤岡　ありがとうございます。私も芸能生活54年になりました。初見先生と出会っ

左から、全日本刀道連盟・中澤敏氏（故人）、藤岡弘、氏、著者。

てからもざっと40年。

初見　むかし、全日本刀道連盟の中澤敏先生のところで、藤岡さんが試斬を行ってね。巻き藁をスッパンスッパンと見事に斬って、中澤先生も驚いていたし、とても豪快で名人でしたよ。私もあの時に中澤先生から師範の免許を頂きましたね。殺陣師の林邦史朗さんも、全日本刀道連盟の師範でしたよね。

林さんは、『ザ・ショック!!』（川口浩探検隊の前身のテレビ番組）の取材でウチに来たことがありましたよ。彼は菊地剣友会の一人で、それからずっとお付き合いがありました。

また、野田市内に宮本武蔵の研究家がいらっしゃったので、そこにもよく林さんは来ていて、いろいろ研究されていましたね。大学の先生でね、私の友達でもあり高橋先生という方です。

藤岡　林先生にもずいぶん教えを受けたものです。わざわざ私の道場にも来てくださって、個人的にご指導を受けたこともありますし、私が林先生のご自宅にお邪魔して、巻き藁を何百本も斬らせてもらって、手ほどきも受けて、大変お世話になりました。

初見　そうでしたか。

藤岡　林先生は大河ドラマの殺陣師でしたので、私が大河ドラマに出演したときも、「藤岡さんならスタントマンはいらないよ」なんておっしゃってくださって。

　林先生の遺作は『真田丸』でしたが、その『真田丸』の殺陣のことで、亡くなる直前にお電話でお話しさせていただきました。長年の付き合いのなかで、林先生と最後に連絡をとって話したのは、どうやら私だったということです。読売新聞の記事にもなったエピソードですが、林先生と初見先生も親しい間柄だったとは存じませんでした。

初見　林さんだけでなく、殺陣師さんはいろいろな方とお会いしましたよ。上野隆三さんや、菅原俊夫さん、楠本栄一さんなどもいらっしゃいました。宮内昌平さんや楠本栄一さんは、勝新太郎さんの座頭市シリーズの殺陣師です。じつは勝さんの抜刀法は、私がヒントを与えたとも言われています。

藤岡　なんと、初見先生が関わっていたんですか！

初見　ええ。私は座頭市シリーズのプロデューサーだった真田正典さんとお付き合いがあり、そんなご縁もあって、勝新太郎さんが新しい座頭市の映画を撮るので、勝さんが私に会いたがっているという連絡があってね。それで勝さんと会うことになって、約束の場所に向ったんですが、道路が渋滞していて、私の到着が5分ほど遅れてしまったんですよ。

そうしたら、勝さんがその間にどこかへ行ってしまったというので、脚本家やプロデューサーに「待ってくれ」と言われたのですが、私も5分で帰りました。勝さんも私も巌流島の佐々木小次郎ではなかったのですね。

でもあの映画に関わらなくて良かったです。というのも、リハーサルで真剣を使ってしまって事故で人が亡くなりましてね。

藤岡　私も勝さんとは縁がありまして。勝さんの晩年に、私はちょくちょく勝さんに呼ばれていたんですよ。なんで私なんかに勝さんからお呼びがかかるのかと思っていたら、勝さんが死んだあと、勝さんが私とチャンバラ映画を作る計画を持っていたことを聞かされました。関係者に「藤岡と一緒に真剣を使った立ち回りを撮って、それを海外向けの映画に仕上げるんだ」と言っていたそうですよ。予算が集まり次第、「藤岡と勝負するぞ」ってね……。

初見　そうでしたか。勝さんも豪快な人が好きでしたから。勝さん自身が豪快な方でしたから、豪快な藤岡さんに興味を抱いていたんでしょう。

そういえば、映画『007は二度死ぬ』の忍術指導も頼まれて、私も現場に行ったんですが、日本人のプロデューサーに半日待たされて頭に来たので、家に帰ってしまったんですよ。私も若かったんですね～（笑）。

そうしたら、ルイス・ギルバート監督と、プロデューサーのアルバート・ブロッコリさんだったかな？　電話があって「ロケ地の熊本までチャーター機を用意するので協力してほしい」と頼まれたんだけど、「答えはノーだ」って、山下（奉文）スタイルの日がありましたね。

藤岡　面白いエピソードが、歴史にはあるんですね。

初見　市川雷蔵さんが主演で、山本薩夫監督が映画化した『忍びの者』という作品でも、いろいろアドバイスさせてもらって、京都の撮影所には何度か出かけていきました。山本監督は、日本を代表する素晴らしい監督でした。お酒が大好きな監督で。

私とご縁のある監督さんは、どういうわけか皆さんお酒が好きでね。小津安二郎さんもそうでした。亡くなったあと、ご自宅に一升瓶がたくさん残っていて、片付けるのが大変だったとか手伝った友人が言っていました（笑）。

藤岡　映画の世界はお酒が好きな人が多いですからね。

初見　でもお酒が好きな人は、短命な人が多くて残念です。

藤岡　私もお酒が好きなんですが、祈願成就のために、いまは一時的にお酒を断っています。「祈願が成就するまで、一番好きなものを断て」と言われて、お酒を選んでしまいまして。あとで「しまったな」と思ったんですが、もういったん決めてしまった以上は後の祭りで、まだ成就できていないので断酒が続いている状況です。

でも私の祈願成就のカギを握っているのは、初見先生かもしれません。

初見　私は立ってもすぐ座ってしまうかもしれませんよ。なにせもう歳ですから（笑）。

藤岡　はっはっはっは（笑）。でも先生、いつか先生の一代記を映画に撮らせてくださいよ。日本の映画界のためにも、武道界のためにも、ぜひ初見先生を題材にした映画を作って、それを世界に発信したい。それが私の夢のひとつです。

私もその実現に向けて精一杯頑張りますので、準備ができた暁には、ご協力していただけますか。

初見　いいですとも。

藤岡　それを聞いたら百人力です。初見先生、今日はありがとうございました。どうかいつまでもお元気で、世界に日本の武道の真髄を発信し続けてくださいね。

第三章

初見的・奥の細道

「すべて単純」

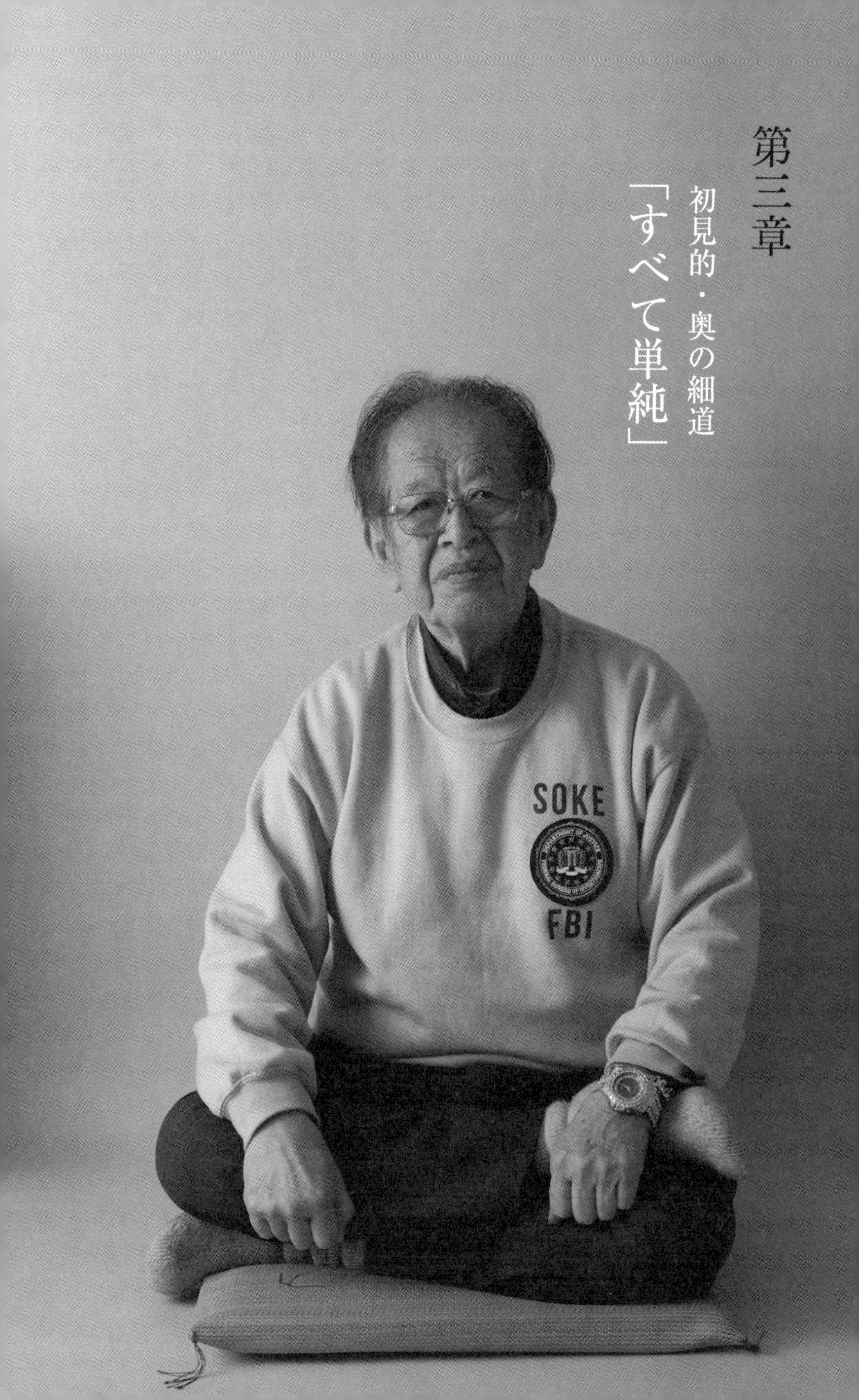

絵について

私が絵を描くのは「よう描けてまんな」と（高松）先生に初めて誉められたからですよ。絵は三人ほどの先生に一年ずつ習いましたよ。それで茄子の絵を描いたら「上手いね」と言われて、それから武道の感覚を絵に描いてきてるわけです。教えるというか「残そう」と思ってね。ある意味でこれ（絵）は伝書ですよ。何かに残しておかないと消えちゃうでしょ。だから何かの形で六感つまり録貫を残しておこうと思って。字よりも絵の方がいろいろな見方ができるでしょ。私だって先生の絵を見たときにその時々で感じ方が違うから。それは刀もそう。何回も観ていると全然変わってきますよ。その時々によって変わるというのも「縁（絵吽《えん》）」ですよ。

絵も表だけではなく裏も見ないと。弟子にも気づく人間はいますよ。この間も外国から取材に来た連中が私の動きを見て「先生の動きは柔軟でどこに骨があるのかわからない」と言うので「骨がどこにあるか教えようか？　レントゲンでも写らないけど（股間を指して）ここにあるんだ。だけどくノ一がいないと教えないんだ」と言ったら腹を抱えて笑っていたよ（笑）。

教えについて

日本刀について、無刀捕を会得した武芸者に言わせると、現代は武道家としての刀の見方を知っ

ている人が少なくなりましたから。武道を何十年ものあいだ修行一貫すると意心伝心で空間で伝わっちゃうんですよ。教わらなくても教わっている。常識的なものじゃないってことですよ。一緒にいる中で以心伝心で伝わる。みんな紙に書かれているものを優先しちゃうから間違えるんですよ。『万川集海《まんせんしゅうかい》』にしても伝書や巻物にしても「これが最高だ」と読んでしまう。書いてあるものというのはそれだけのものなのに自分の価値観心技体より優先してしまう。書かれているものの中には自分の価値観以上のものもあるでしょうが、それ以下のものもある。読む人間に行間や字勘《じかん》を読む、それを観ることができる不空の神心神眼がないと駄目だね。

それは年の交《こう》という部分もありますよ。私もそうだから（笑）。たくさん色々な経験をしている中で養われるものもあるでしょう。

ただ、変わっていない部分もあるんですよ。いろいろな技を弟子に教えているけれど、やっぱり（高松）師匠が極意とした「こう生きなさい」ということだけできたから、一人も怪我をさせていないし、自分も怪我していない。全部楽しく上手くやってきているから。自分の顕在意識に頼らなかったから、それが良かった。あまり秀才じゃなかったから。私は何も持っていなかったんですよ。それは「持っていないほど持っている」ということでもあるから。「エゴ」も「絵心」になるわけですよ。エゴだけで解釈するとそれで終わってしまう。絵心になると違うでしょ？いろいろな見方があるわけです。そこにはピカソやマチス、日本画もあるわけでね。それが大事なんだよ。物の見方考え方も、そういうことを言ってきているわけですよ。

それは「一つの見方が無駄である」と言っているわけではないんです。それも大事。断定しないということ。気分のままで。

刀について

プレスクラブ（日本外国特派員協会）でこういう刀の講演（２０１７年10月開催）をしたのは私が初めてでしょう。話すことは海外でも日本でも同じですよ、人間はみんな同じ。こっちも（話が）わかるかどうかは考えていませんから。わからせようとしてってわからない人間は無駄だから、そういうことはあまり考えませんね。（私に）会った人はわかりますよ。ただ忍者というものについては、海外の人の方がわかってくれますね。それは彼らの方がお金と感覚（観覚《かんかく》）があるから。

私が言う金は、時は金なりと言うでしょ？　時間のことも言っているんです。彼らは自分で時間を作れる環境がある。

だって文献を買うんだって刀を買うんだってお金は必要でしょう。これくらい刀があって初めてわかるんですよ（笑）。一本や二本じゃわかりません。いまこうして集めているのは弟子に教えるためですよ。造りがみんな違いますからね。中身よりね。士農工商の時代にあって、身分の高い士の最たるものの芸術、教養であり文化が日本刀だから。ゴッホが日本の版画を習った以上のものですよ。シャネルだってなんだって日本の刀を見れば驚くよ。「刀の刀身だけを観ろ」と言っ

2018年（平成30）10月、日本外国特派員協会で行われた、日本刀の講座には、著者が所蔵する中から五十振りが紹介された。上は当日著者のアシスタントを務めた逆井則夫氏と古田恒二氏。ともに武神館師範。

ているんじゃないんですよ。鞘だっていろいろなのがあるんですから、拵えを含めて全体を観ないと駄目ですよ。（刀の）生き様を観ないと。

　高松先生と日本刀の話をするような時間はなかったですよ。修行中は日本刀の道楽なんかできないですよ、ただ振り回しているだけで。骨董の話は名和（弓雄、1912年～2006年。作家・時代考証家・武術家）さんとだね。だから骨董屋に入ると〝なにか良いものがあるな〟とわかるんですよ。買いに行く前からわかるから「今日は二百万円持っていこう」となる。それだけの良いものは買うしね。骨董屋より値段も覚えてますよ、だから「先生、これはいくらでしたっけ」と聞かれるんだけど、忘れちゃうときは忘れるんですよ（笑）。それは名和先生と5年間骨董

オーストリア大使に日本刀の見方を説明する著者。

屋を回った感覚ですよ。

やっぱり性格の良い骨董屋さんと友達になっていて、そうすると良いものが入ってくるんですよ。「集まるところには集まる」と言いますけど、それは本当ですね。お金や何かじゃない。高い安いでもない。やっぱり縁ですよ。いまは弟子達に日本刀を教えようと思ってね、無刀捕のために。だから無尽蔵に集めているんですよ。そういうところから教えないと武道は分からないんですよ。人を殺す物はこんなにも美しく作られているということ。こんなに高価な物で作られている、立派な人が作っている、そういう人のことを考えて見習わなければいけないとか。

それも日常の中の勉強ですよ。目じゃなくて修《しゅ》行度《ぎょうど》から出る勘、雰囲気ですよ。幽玄世界を見抜く眼ですよね。ハッキリ見ないから良いものを

「柄頭や鍔の真価は差したところを観て初めてわかるんですよ」（筆者）

掴んだり、ハッキリ見ないから悪いものを掴まなかったりするんですよ。ハッキリ見て誤魔化されている人はたくさんいますよ。私もそれなりに失敗はあるけどね、囚われないから。商人的な考え方がなかったし、欲でなくて必要性に応じて動いていたから。

わかんないことをやっているんだから、わからないほど見せればわかるんですよ。みんなにというわけじゃないんだけど、わからない人に見せても面白くないから。みんなで夜中にお酒も飲まずに刀を見ているんですよ。見る度に違うんですよ、生き物だから。一人で観ているよりも三人で観ているとまた良いんですよ。〝三人寄れば文殊の知恵〟と言ってね。鍔だって人が差しているのを見るのが良いんですよ。まずそこからが初歩ですよ、柄頭、鍔の姿から。そこから観られなかったら刀はわからないんじゃないかな。刀身ばかり観ているということは覗きと同じで、スカートを捲ってるのと同じ。良いものは見なくったってわかりますよ。これだって土竜と月で、八幡様があって、梵字があって、凄い芸術ですよね。みんな違う。これなんかは遊びに行くときに差したんじゃないですか。見ているだけじゃ駄目で持たせないとわからないんですよ。良いものであれば私たちは袋の上からだって中身がわかりますよ。それと、良い刀は持つと自然に微笑んでしまう、そういうもの。道場も同じで、良い道場だと稽古していても自然に微笑んでしまう。

いまある刀は全部買ったり頂いたものですよ。元々家にあった物はないです。親父の刺身包丁や出刃包丁はたくさんあったけどね（笑）。最初の一振り（本書口絵で紹介）は覚えていますよ、処心《しょしん》（初心）と同じで（笑）。無銘でね、有名なのは買えなかったから。名和先生に紹介してもらったもので、いまでも持っています。もう60年以上前でしょうね、20代の頃で。

刀の稽古について

うちは刀でどこかを切って怪我したことはないですね。そういう下手な人は一人もいません。斬ろうと思うから、切るんですよ。うちは巻き藁は初心者に教える程度です。（道場では）やらせません。好きで個人で斬っている人はいるでしょうけど、藁なんか切れるのは当たり前でしょ。昔は藁なんか斬らせませんでしたよ。馬が可哀想だから藁を切って喰わせたことはあるかもしれませんけどね。馬は本当に大事にしたから、人馬一体で。だから（試し切りを）止めはしませんけれど「いつまでもそんなことをやってるんじゃないよ」と。また刀に馬鹿にされますよ「俺はこんなものを切るために作られたわけじゃないぞ」と。鋼鉄だって斬っちゃうのが刀ですから。だから「斬るのなら鋼鉄でも斬ればいい」と言っていますよ。斎藤弥九郎先生も言っているように、刀は抜くもんじゃないんですよ。

忍術について

（日本人は）忍法体術武風を知らないでしょう。忍術に限らず、日本人の武道の研究家は武道体術を習わないでしょう。伝書や活字をいくらひっくり返しても、見ているだけじゃわかりませんよ。武道として忍術をやる人は少ないから。研究家はたくさんいるんですけどね。ただ読んでいるだけではわかりませんよ、行間を読めなきゃいけませんから。そのためにはやっていないと。それが無刀捕まで繋がっていくんですよ。行間は無刀捕が教えてくれるのです。

別に他のものと比べているわけではないんですよ、それは（他の武道に）失礼なことだから。私の所に来ればわかるということだけですよ、これは言葉では尽くしがたいものですから。海外の人は（忍術に）それだけの魅力と必要性を感じているから来るんですよ。実戦をやっている人たちはね。まあいまの日本にはそういう感覚は必要ないんでしょう、籠の鳥のような状態ですから。「日本列島籠の鳥」です。それで暮らせれば最高でしょう。だけれども籠の鳥というのは逆に言えば奴隷と同じだから。私の相対性原理ではね。いろいろなものを見ないと、刺激がないからだろうね。

独り稽古について

独り稽古って言いますけどね、日々生きていることが稽古じゃないですかね。稽古という字をいろいろ変えてみれば良いんですよ。ただただ道場の稽古だけで皆考えちゃうんだけどね。単純に修行している人は、いつでも稽古だと思えれば苦しいこと、生老病死ということが緩和されるんですよ。稽古が救いになる。だから修行は大事なんですよ。生老病死、喜怒哀楽、それも単純に考えれば稽古したときのことがくっついてくるんですよ。そういう状態になったときにスタニスラフスキーの「生活から出発しなさい」と言った意味がわかるんですよ。ドイツの有名な音楽家が「芸術とは何か？」と問われたときに「単純なもの」と一言答えたと言うけれど、有名な人のことを一言明神と言うけれど、やっぱりそうなんですよ。チャールズ・チャップリンも「ネクストワン（次回作）」と言ったという話がありますが、それは単純に未来を考えていると解釈できるわけです。

修行について

普段一緒にいる弟子に道場外で（いろいろ）やらせて覚えさせているんです。日常がこうなんです。こういう生活を高松先生としていたんです。道場の中では凡人でも教われますからね。日常を喧しく言われないと。私は夜行で先生のところへ通って、朝の8時か9時くらいに先生のご自宅に着いて、その日一日稽古して夜の電車で帰りました。夜行で行って、夜行で帰るんですよ。連休の時は泊まりましたけどね。だからといって惚れ込んだというのとは違うんですよ、一筋の縁なんです。何も考えてないですよ。

腰に日本刀を差して歩くという日常が侍の修行だったんですよ。馬に乗ってもなんでも、何か武器を使うバランスを体にね、戦場と繋がっている縁、それが日常なんですよ。日々と繋がっている。私も初めの頃はいろいろやりましたよ、下駄を履いたり、高下駄を履いたり、馬鹿なことはみんなやっています。みなさんと同じです（笑）。でもね、馬鹿にならなきゃ駄目ですよ。『空手バカ一代』というのがありましたけど、馬鹿にならなきゃ。馬鹿は素晴らしいことです。「あんた馬鹿ね」と女に言われたら悪い気はしないでしょ（笑）。

人間は偉くならなきゃいけないって言ってるんですよ、修行をしてね。偉くなるというのは呼吸を大きく吸えるようになるということで、人間の「エラ」ね。ゆっくりと呼吸できるようにならないと。そこに水魚の交わりがあるでしょう。

若い頃について

私だっていろいろな経験をしてこうなっているわけだから。そういう修羅場を潜ってきたわけですよ。若い頃は「この女が良い、あの女が良い」と比べましたよ（笑）。お酒もそうで武道もあっちこっちとなんでもやりましたよ。「自分がやっていることをわかって貰えない」と思ったこともありますよ、「この馬鹿野郎」と、それはありましたよ。だけど、諦めじゃないんだけれど「そんなもんだ」となってきたわけですよ。単純に相対性原理になったわけ。だからいまの私は単純な状態、禅の境地と同じ。

若い頃は皆と同じでいろいろな想いがありましたよ。ただおっかない師匠に会って今日があるだけです。おっかないというのは「畏《かしこ》み畏みも申さく」というのと同じで「恐い」というのとは違う。まあ神様がいるかどうかは分からないけれど、神様みたいな師匠に会えたということですよ。いろいろなものを見ているからね、巷の神様はたくさん見てきたけれど、本当の神様はなかなかいないから。高松先生に会って、その後もいろいろな武道の先生とお付き合いをさせてもらって、〝やっぱり唯一の神様は高松先生だ〟ということになった、それも単純、帰一ですね。

高松先生について

私の他にも高松先生のお弟子さんはいましたよ。だけど高松先生は武道家としての道に外れると「明日から来なくていい」という先生でした。だからそんな空間の中で、先生が亡くなるまで弟子でいられたことは誇りに思っています。先生のところでは武術を教わると言うよりも、戦場みたいなものなんですよ。学びに行ったと言うよりも戦場で生きること、そして戦場も日常も同じという相対性、アインシュタイン先生のような日々でしたね。戦いですよ。「静かなる決闘」じゃないけれど。稽古も（橿原）神宮だけじゃないし、そもそも稽古をやっていることが稽古じゃないんですよ。家を出てそこにいる間は戦場みたいなもの。だから帰るときは凱旋。前に「15年先生のところに通って、毎回お銚子を2本出されたけど一度も手をつけなかった」と言ったでしょう。悪い弟子ですよ、帰りは汽車の中でガバガバ飲んでいるんだから（笑）。毎回ビフテキを焼いていてくれて、いまで言う香草焼きで、近江牛を柔らかくしてくれて美味しかったですね。でもお酒は手をつけられなかった。自然のマナーを知っていたんだろうね、師弟の間にある。本心なのですね。聖火ランナーだったのかな（笑）。

いまの武神館の五段のテストは私が師匠にやられたことですよ、真剣で十文字にね、縦横と。そういうのをやっていただいたという伝鐘《でんしょう》の響きです。だから潜在意識に伝わったんでしょう。

道場（橿原武道館）で稽古したのは2回だけです。一対一、剣と木刀で交代にやっていました。高松先生は上手いから、こちらの刀（真剣）に傷つけても、自分の木刀には傷を付けなかったから。どうしてそんなことが出来るのか、無刀捕だからなんでしょうような。恐いとかそんなことは考えなかったね。状識《じょうしき》がないんだよ。そもそもそこで常識があっちゃ駄目なんだよ。だから本だって常識で書いていちゃ面白くなくて売れない。そこが大事なんだよ。いまは武道的に言ったら常識じゃない時代なんだから。もうＡＩやロボットなんかがドンドン変わっているでしょ。それを単純に心変心眼しないと。人と人との一対一の蒙古襲来で日本人が倒されていた時代から、ＡＩ戦、ロボットと人という戦を用意されている時代に来ているんですよ。

お金について

お金は大切です。しかしそれの使い方を知らないと何にもならないですよね。金よりも、金を母体として信長が鉄砲で天下を取ったように、その金力、筋肉みたいなものと知ることも必要だね。外国では日本の文化を全部買い取ってしまうくらい、いくらでも金をかけてやりますからね。信長も金儲けが上手かったから鉄砲を沢山買って天下を買えたというわけ。

私はいまは、武道の巻物はトランクに三杯くらいありますよ(笑)。外国人が「博物館より多い！」と驚きますね。書は三舟の他にも沢山ありますよ。明石元二郎(1864〜1919年。陸軍軍人、日ロ戦争時に諜報活動を行い戦局を有利に導いた。日本における諜報活動の草分け的な存在。戦後は台湾総督として発展に尽力している)、乃木（希典）大将、井上馨もあります。井上さんが明石さんに工作費の資金援助したんですよ。やっぱりお金を持ってないと国は勝てないんですよ。それから金は寿命と思うことも大切。また不滅の布施というように義金の使い方も知らないといけないね。

守破離について

守破離なんて言葉がありますけど、別にそういうことと繋げなくてもいいですよ。あれはもともと武道家が言った言葉じゃありませんしね。武道の世界で有り難がっている言葉も、元々は中国のものだったりしますしね。その中国も立派な言葉がたくさんあっても政治はいろいろ変わって、教えの通りやったって駄目だということでしょう。臨機応変じゃないとね。孔子や孟子、老荘の思想と色々なものが出ているけれど、その歴史を見るとね、単純に見るとね、単純なんだよ。思想や宗教、哲学、色々と世界からの影響があり武士道にも時代時代に忍び込んできたり、それをアドリブした時代というものを知らないとね。

映画について

藤岡さんは本当に勉強熱心で謙虚な方ですね。立派な方です。キャラクターが素晴らしいのでそれを活かせる良い監督さんに出会えると良いですね。それができれば、私は別の意味で〝第二の三船〟になると思います。三船さんも『無法松の一生』（1958年、稲垣浩監督）を演ってますからね。良い監督との出会いですよ。印象が強いから、他の役者にできない、（高倉）健さんみたいにね。私なんかも水戸黄門の依頼を断ったのはそれがあるからですよ。台詞を覚えるのも大嫌いだったから（笑）。「ドラマなんかどうでもいいよ、アクションだけにしよう」なんて（笑）。

自分が関係した映画で言えば、やっぱり『忍びの者』（1962年、山本薩夫監督、市川雷蔵主演）が良いですね。やっぱり山本先生というのは凄い感覚をお持ちでしたからね。だから私は日本の監督で素晴らしいのは、小津（安二郎）さん、木下（惠介）さん、黒澤（明）さん、山本さんの四人だと思います。山本さんの作品は凄いでしょ、『白い巨塔』とか『華麗なる一族』とかね、

この4人の方が（日本を）代表できる監督だと思います。

海外ではジョン・フォードも良いですね。私はジョン・ハイアムズ（作家、ハリウッドスターの評伝などを多く手がける）と友達でハリウッドに行ったときにはよく彼の家に泊まりましたよ。彼の奥さんはエルケ・ソマーという女優さん（日本では「ピンクパンサーシリーズ」で有名）で彼女も絵が上手くてね、私が絵を一枚あげたら、お返しに一枚彼女の絵をもらいましたよ。当時ハリウッドで一番有名なカメラマンのヘンリー・小谷さんとともお付き合い頂きました。早川雪洲さんともお会いしましたけど、いまは雪洲さんの甥御さんともお付き合いしておりますよ。

宮本武蔵の『五輪の書』について

（五輪の書についてては）高松先生からこんなことを聞いたことがあります。

「勝つことばかり考えていてはあかんで……」と。

忍法には鼠逃遁甲の型という三十六法の一つがあり、敵に勝つことを教えるより、的を殺さぬ法を説いた体術があります。むしろ敵を生かす法が述べられたものです。敵の戦闘力を奪うとも殺さずという空間があるということで、これも無刀捕の極意を会得していないと、その実、常識、情識、状識の判断、虚実転換の極意を解せないということです。

生きて勝ちをとったと言いますが、意気（生き）変じて威気、無抵抗主義のガンジー翁の生き様を見てもおわかりと思います。無刀捕はこんな世界にも繋がっているわけです。

これは万物帰一するのではなく、万物奇一《ばんぶつきいつ》するという、奇霊《きれい》が教えていることで、それが「無刀捕の極意である」と、私は武蔵に伝えたいですね。

時代について

私はね、戦前戦後を生きたということで言えば、よく「こういう時代だから」と言う人がいますけどね、いつの時代も悪い日もあれば素敵な一日もあるんですよ。〝いつか良い時代がくる〟なんていうのは人間の独り言。まず毎日陽気が変わるでしょう、それと同じで。みんな「こういう時代」とぼやくけれど、人間はどうやって生きているかということをまず単純に考えないと。（人間は）そんな風に出来ていて、そんな風な環境に生まれているんだから。どう感じるかというのは自分の問題。そこで教養や宗教、修行、学問そして武道もあるわけですよ。みんな同じですよ、私にはたまたまそこに武道というものがくっついているだけで。

だけど私はそれが知りたくて武道を始めたわけじゃありません。それは結果論で、そんなこと考えたことはない。結果としていまそういう境地になっただけでね。みんな最初の目的なんか変わるものでしょう。やっているうちに歳を取って爺になって、体も碌に動かなくなって、どこに骨があるかがようやくわかったくらいで（笑）。そんなことですよ。

私の所に世界中から何万人と弟子が来ていますけど、彼らは「こうなろう」というように意識はしていないと思いますよ。それはわかりません。〝年になれば腰も曲がりて眼も疎く、物思いもなし〃という武道の唄がありますけどね、その唄にどんなリズムがつくでしょうね。タンゴかブルースか、ご詠歌でしょうかね。

人生について

それはね、いろいろあるわけですよ。修行中、私には一番落ち目の時が3回あったんですよ。病気で5年間動けなかった時にも人に裏切られたりもしてね、最悪の時に3人くらいに裏切られているんですよ。でもそれは非常に有難いことだったね。それはそうですよ、やっぱり人間は裏切られなくちゃ成長しない。それがうちの五段のテスト。その時は腹も立つけど、やっぱり生きていれば「こうなる」ということ。一生懸命努力して、自分の道〃マイ・ウェイ〃を進んでいればね、フランク・シナトラだな。悟段《ごだん》のテスト3回で15段。悟段のテストを3回通過して悟談《ごだん》が語れるってわけ。

無常観、物の哀れというのはありますよ。それは誰でもでしょう。ただ常のなかでも五常、不滅の不施《ふせ》、真道《しんどう》の持戒、自然の忍辱《にんにく》、自然の超越、大光明の悟り、これは仏教にもあるんだけど、そんなことで分析していくと良いんですよ。だから私は「アインシュタインの相対性原理が大事」だと言っているんですよ。あとは「単純に考えること」。すべて単純。生老病死は当然でしょ、喜怒哀楽も当たり前でしょ。だからそういう場面にあったときに「単純になれ」と言うんだよ。そ

HATSUMI
34

れが坐禅であり、極意なんだろうな。単純と「ネクストワン」の相対性理論。オープン過ぎても闘争のもとになるし、完全過ぎても空間がなくなる。

単純から始まるんですよ。そこでその単純に合致するようなものの刺激が必要なんですよ、それが宗教であったり哲学であったり、文学であり映画であり、何かの刺激。そこで人間はバランスが取れてくるんですよ。自分が単純なところに帰れるもの。生老病死、喜怒哀楽が当たり前だということを踏まえて、それが「単純なことだ」と思えるところに帰る。生も単純、老も単純、病も単純、死も単純、というところを踏まえて、「そこの位置にあるのだ」と考えて、いろいろなものの刺激を受けると自分の教養や修行だとかのバランスが取れる。仏教もそうで、だから瀬戸内寂聴さんのお話なんかアインシュタインの相対性原理と同じですよ。寂聴さんは小説と仏教をアドリブでバランスを取って皆さんを喜ばせているんでしょう。

単純だから、そんなに存在をキツく言わなくてもいいんですよ。幽玄の世界で。能の幽玄の世界。だから芸術は「幽玄の世界」と言うわけですよ。勇玄《ゆうげん》の味の素と言うことになるかな。食欲増進ダンボの極意よ。人間大きくなる骨法だね。

第四章 資料徒然草

本章では、高松先生の貴重な寄稿文を始め、著者の未公開原稿と貴重な修業時代の写真を紹介する。

※編集注：文章中の肩書きや年齢などの情報は当時のままです。

これは高松壽嗣先生が、生前（１９６６年、昭和41年）『武道春秋』10月号に寄稿されたものです。高松先生が若き日を綴られたものであり、今から24年前の私の思い出の一頁でもある。
先生はご生前に書籍などを書かれず、貴重な内容であることからここで紹介します。

神伝修羅六法

明治・大正・昭和の三代に生きる

九鬼八法秘剣術二十七代　高松壽嗣

七十八星霜

私は、当年（昭和四十一年）七十八才らしいですワ。ともうしますのは、私はおのれの歳を、一、二、三年まえまで知らなかった、というより、知りたくなかった。

もっとも、明治二十三年、旧正月生れということだけは知っていました。ですから二十二年の真生まれで、かぞえの七十八らしい、ということになるわけです。

鏡もこの三十年ほどみたことがありませんから、自分の顔がどんなになっているかも知りません。

鏡もみたら、「ハテ、どなたでしたっけ?」といった具合でしょうか。

しかし丈夫なことにかけては、めったにヒケはとりませんゾ。たいていの人は、普通に歩いて、一時間一里といいますが、私は三十分に一里大丈夫です。そのかわり夜は、必ず九時には寝ます。シャム猫二郎（これは神戸一郎氏から、今千葉県にいる初見良昭氏にもらわれ、次に私の手許にきたのですが）これといっしょにです。

朝は六時半におき、冷水まさつを、過去四十年、一日もかかしたことがありません。おかげで、一日も病気で寝たことがない。そして生まれつきヘタなくせに、どういうものか絵がすきで、いまだに筆を揮《ふる》って遊んでおります。

高松先生と愛猫・二郎。

泣きみそ

私の幼年時代は、「泣きみそ」というあだなで通りました。学校にあがっても、四つんばいに匍わされて、同級生の馬にされ、ピシピシ尻をたたかれて、泣いてばかりいました。

私は、生まれて一年たつやたたぬに、実母に生きわかれ、それから二十才になるまでに、九人の母がかわりました。

私の父は、神戸市の山陽鉄道の請負を振りだしに、明石市で燐寸《マッチ》製造業をしたり、その他いろいろのことをした可なり有名な事業師でしたので、いわば仕事がかわるたびに私の母もかわるといった按配で、九人の母親をもつような始末になりましたが、私が泣きみそになったのは、そんなことが原因ではなかったかとおもっています。

戸田道場入門

そのころ神戸市で、武道教授と骨接ぎをしている戸田真竜軒という人がいました。伊賀の出の武道家で、神伝不動流柔体術の看板のかかった道場をもっていました。その人が父の、したがって私にも、親類筋の人でありましたので、私の九才のときに、私の身の上について、父がその人に相談をしたのです。

「将来軍人にしようとおもっているのに、ああ気が弱くて、泣きみそを渾名されているようでは仕方がない。なんとかよい方法はないものだろうか?」

「それなら武の稽古をさせるにかぎる。わしが手きびしく教えて、気が強くなるように鍛えてやろう」

ということになって、毎日学校がひけたら道場に稽古にゆくようにと、父から厳命されました。私はもう泣きの涙です。

屠所の羊といったテイで稽古にゆくわけですが、普通なら代稽古の門人が、手相応に手心をして教えてくれるはずですのに、私だけは戸田先生じきじきの稽古です。しかもそれが、型をおしえて、投げる稽古、投げられる稽古を、型どおりにやるのではなく、先生が九才の私を、右に左に自由自在に手きびしく投げとばすのです。たまったものではありません。

足はすりむく、手の肱から血が流れる、そんなことはおかまいなし、コテンコテンに投げつけられ、叩きつけられて、

「あしたっからは、どんなことがあっても来るもんか!」

と、手足の血を拭き拭き、涙の目で道場を怨めしげに睨みながら帰るのでしたが、家にかえっても、誰もなんともいってはくれないのです。

それでも子供のことで、一と晩ねると、痛さも忘れて、またまた稽古にゆく。そうして約一年くらいたってから、普通の技の稽古にはいったのでありました。

泣きみそ廃業

十歳のとき、つまり小学四年のときに、学校で先生が生徒たちに相撲をとらせました。私は後ろのほうに、かくれるように小さくなっていましたところ、先生が、

「高松。おまえ、出てとれ!」

といわれますので、こわごわ土俵にあがりました。ところが、いざ取り組んでみると、投げるつもりもないのに、いつのまにか相手を投げ飛ばしていました。それから出る奴も、なんの苦もなく七、八人投げ飛ばしたら、先生も、

「ほう、強いなあ！」
と、おどろいておられた。
それからみんなが私を恐れるようになり私自身も、
「なんだ、みんな弱いやつばかりじゃないか」
とおもうと、急に自信がわいてきて、今までの弱い泣きみそが、たちどころに一変しました。

小天狗

私が十二才のときは、体重十五貫ありました。稽古のおかげで、それだけ発達したわけです。したがって力も強く、四斗俵ならば下からグッと頭の上まで、一気にさしあげることができました。

道場でも、縦横無尽にあばれまわり、こんどは「小天狗」と渾名されて、一人前の大人でも寄せつけないありさまで、道場の名物になっていました。

大体この戸田先生の道場というものは、表看板は「神伝不動流柔体術」の道場でありますが、先生は「神伝虎倒流唐手」にも、「戸隠流忍術」にも、すこぶる堪能でありました。

私が十三才のときに、不動流ではもう教えることがないからということで、虎倒流唐手と戸隠流忍術とを、教えられることになりました。

やってみますと、唐手のほうはちょっと面白いが、忍術のほうは、二寸板を急勾配にたてかけて、

毎日これに馳けあがる稽古が主ですから、あまり面白味がありません。その当時、普通の武道でも生活ができないのに、実用にもならない忍術などというものを習って何になるものかと、さっぱり気乗りがしなかったが先生はすこしでも怠けることは許されませんでした。

六十対一

これも十三才のときのことですが、そのころ神戸市に不良青少年団、つまり今でいう愚連隊が横行して、現在のように婦女子に暴行はしなかったが、やたらに因縁をつけて喧嘩をふっかけるのでありました。

ある夜、私が一人で生田神社のお祭にゆこうと、有馬道筋を歩いていきますと、三人の十七、八才くらいの不良青年があらわれて、私の行く手に立ちふさがり、

「高松。きさまこのごろ生意気だぞ。ちょっと来い」

と、袖をつかまえて放さないのです。そして元の五郎池を埋めたてた空地につれていって、一人がいきなり私の左の頬をなぐりました。けれども私がなぐられたときには、私にどうして投げたか知りませんでしたが、その男は二間ほど投げ飛ばされていました。

あとの二人は、一度にとびかかってきましたが、これもたちまち投げとばしたまま、

「馬鹿めっ！」

といって帰宅しました。

そのあくる日の夜、風呂にいって、友人と二人で外にでると、昨夜の不良どもが待ちうけていて、とにかく来いということなのでまたまた五郎池跡の空地につれだっていきました。一人がピーピーと口笛をふくと、四方八方からゾロゾロと不良どもがでてきました。中には、日本刀をもってきている奴もいます。

その日本刀をもったのが、前にでてきて、「ゆうべのお礼にきた。それを受けるのがいやなら、地べたに手をついてあやまれ！」

という。私は、日本刀で斬られて怪我をするのは馬鹿らしいとおもいジーッとすわりこむ形をとり、いきなりそいつの足の甲を、そこにあった石で、叩きつぶすようになぐりつけました。奴はアッといって倒れる、ドッと飛びかかってくる奴は右に投げる、次の奴は左に投げる、とっては投げとっては投げ、何人投げたことか、五、六人か七、八人も投げたかとおもうころに、彼等はバタバタと逃げだしていきました。

翌くる朝、神戸桐生橋警察署の刑事が私をつれにきました。私が署にいくと、係官が、

「おまえ、昨夜けんかをして多くのものに負傷させたが、おまえのほうは何人だ？」

との訊問に、私は、一人ですというと、

「馬鹿いうな。相手がたは六十人で、傷を受けたものが十人もいるぞ」

というのです。

「いや、相手は何人だったか知りませんが、何しろ日本刀をもっていますので、あぶないから咄嗟に投げとばしたので、そしたらつれの連中がかかってきたから、くる奴くる奴、投げただけで、

負傷したかしないか、そんなことは知りません」

係官は、信じられないという顔で、ゆうべ私とつれだって風呂から帰った友人の同級生大阪君を呼んで、事情を聴取したところ、大阪君は、

「たしかに私と二人きりで、しかも私はただ見ていただけです」

と証言しましたので、係官も驚いていました。その中に、報らせをきかれた戸田先生が迎えにこられ、

「これは年はまだ十三ですが、免許の腕前ですから、何人かかっても駄目ですよ」

と証明してくれました。翌朝の『神戸新聞』に、「十三才の少年柔道の達人、六十人の青年を手玉に取って投げる」と、大見出しで大々的に報道されました。その時の同級生の大阪君は今も宇陀市に健在なはずです。

武蔵流との死闘

十三才の春、高等二年をおえた私は、神戸の英国人経営の英学校と、漢学の学校とに通っていましたが、これには明石から通うことにして、ひとまず明石の燐寸製造所の自宅にかえりました。明石では、水田芳太郎忠房という、高木揚心流柔術の先生の道場に、よるよる稽古に通いましたが、すでに神伝不動流免許の腕前ですから、一年ほどで高木揚心流の奥伝をさずけられました。（高木揚心流については、後で述べましょう）

十五才のときでした。ある日、何かのことで神戸の戸田先生の道場をたずねたところが、先生が、「ちょうどよいところにきた。今、武蔵流の武芸者が二人、試合にこられて、これから神棒君が一番手で手合わせをするが、二番手には君がでて稽古を願いなさい」

という話です。もちろん私は承知をして、ジッと試合ぶりを見ておりました。

神棒君は、当時体力絶頂の二十五歳で、免許の腕前ですから、相当のところまでやるだろうとおもっていました。相手は二十七、八歳とみえる武蔵流です。いざ試合となると、アッという間に神棒、逆落としにかかって敗北してしまった。まったく呆気ない試合でした。

著者に稽古をつける高松先生。

当時の著者。

次は私です。なんといっても十五歳ですから、子供々々としていたにちがいなく、相手はそれをみて、「なんだ、子供じゃないか」という油断がでたらしい。そこを私が逆投げで投げて一本となりました。これもアッという間の勝負だったのです。

いま一人の武蔵流は、年のころ三十ぐらいの凄いやつでしたが、今の私の試合ぶりをみて、すこぶる慎重です。互に技がかからず、三十分ほど油汗をながして揉みあいましたが、私は寸毫のすきをとらえて逆捕りにし、間髪をいれず、イヤというほど逆投げに投げつけました。

ところが、その投げた私がそのまま気絶してしまったのです。どういうわけかというと、これは私が投げるのと同時に、相手が八葉の当込みと、私の右腕をはずすのと、二か所に奇手を用いたのでありました。これを防ぐことができずに、気絶した私は明かに敗けです。相手もさるもので、

「いや、投げられたのが先手でしたから、これは私の敗けです」

と、いさぎよく引きました。

その人が戸田先生に、私をさして、幾つですかと訊ね先生が十五歳ですというと驚いて、

「十五歳でこれだけの腕とは驚き入った天才ですね。名人になることでしょう。元来、武蔵流は、投げられがけに奇手を用いるのが本技なんです。しかし、もう一度立ち合ったら、私の奇手も、この人にはとてもかからないでしょう」

といっていました。

このときに、私は右の鼓膜を破られたらしくて、陸軍幼年学校の入学には、それがためにはねられました。二十一歳の徴兵検査のときも、この耳の故障で不合格になっています。

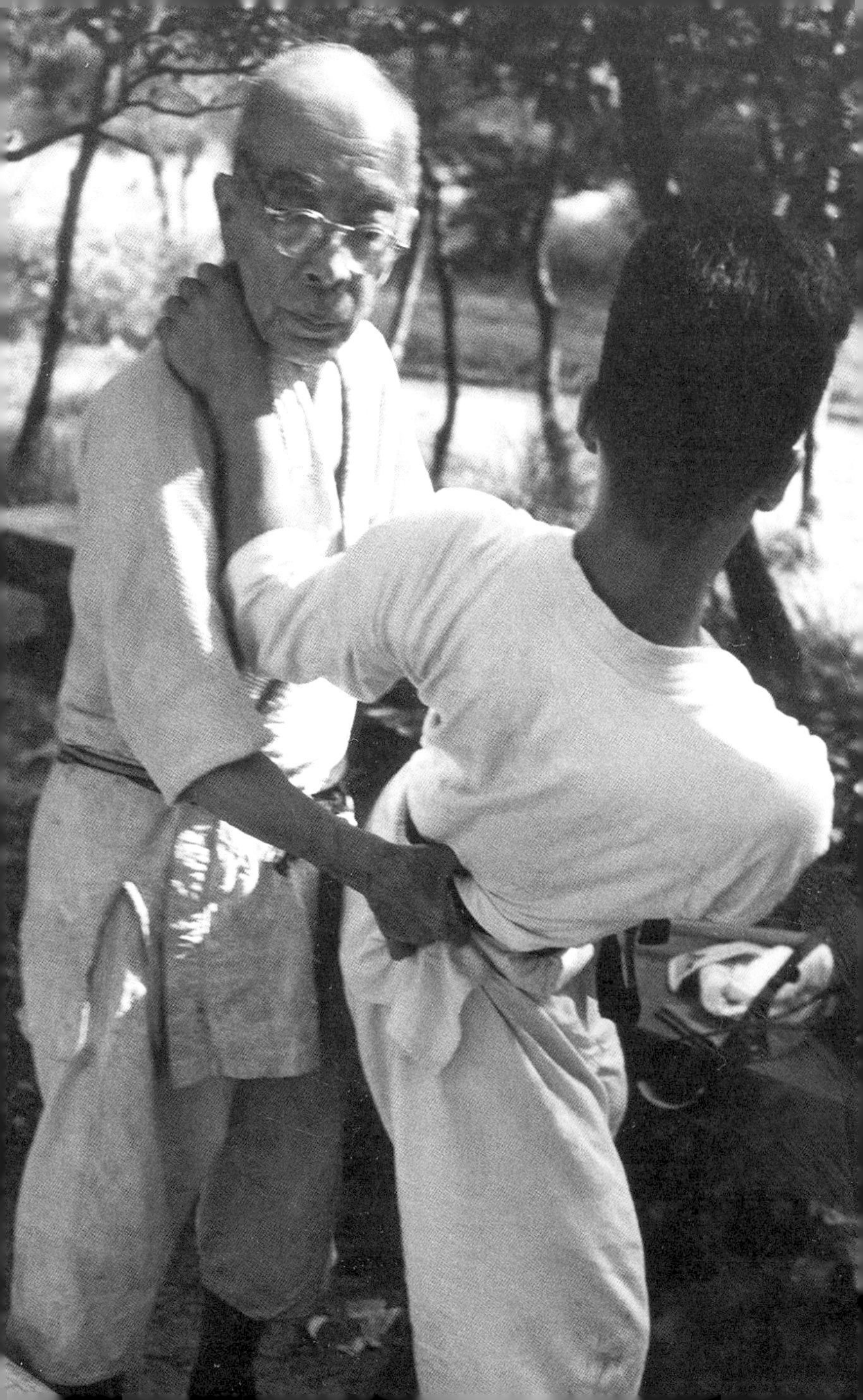

武蔵流体術の骨子

私が神戸の戸田真竜軒先生の道場で、武蔵流の武芸者二人と試合をいたしました後で、その人たちから武蔵流の話をききました。

「宮本武蔵が、今の須磨・明石あたりの、本通りでない裏道の山田・三木へんを通って、とある茶店に休息しました。食事のあとで、牀几《しょうぎ》の上にゴロリと仰向きに寝ていると、その茶店の垣根に、一匹の猫が昼寝をしているのが見えました。気がつくと、その上あたりの空を、鷲だか鷹だか、それとも鳶だか、クルリクルリと旋回しているのです。

そのうちに、鷹はサッと舞いおりて、眠っている猫におそいかかりました。その瞬間に、猫はコロコロと身をころがして、屋根から武蔵の寝ている前に落ちてきたが、よろけもせずにシャンとたって、キッと空を睨んで身構えました。

これをみた武蔵は、「これだ！」とさとりました。そして武蔵流体術を工夫したのであります。最初、武蔵は、畳を十数枚つみ重ねて、その上から転び落ちて、床にたつ練習をしました。

それからだんだん畳の数をふやして高くし、その上に仰向けになって、下にころげ落ちて立つことを稽古しました。次に、投げられても立つことを稽古し、最後に、投げられる時に、相手方の急所に当て込んで自分は立つ技を、熱心に研究し、練習したのであります。

それだから武蔵流の体術は、投げることよりも、投げられる瞬間に当て込むのが骨子です」ということであります。

武蔵の武道

大体、武蔵の武道はちょっと変わっています。たとえば、『五輪之書』を武蔵が書き残したといいますが、これが事実だとするならば、武蔵は勝負には必ず勝つということを、唯一の眼目として力説しております。これが「五輪遍」であります。

相手に勝つことを前提としなくとも、勝負である以上は、勝つということを無視した武道というものはあり得ないが、勝たんがためには手段を選ばないということになると、それはもう武道ではなくて暴力であります。よこしまな心ざまで、人道に反します。ちょうど御地（註・東京のこと）の大学生の如くでありましょう。

現在のいわゆるスポーツ柔道、つまり勝負を楽しみながら、体位養成のための柔道運動でさえ、ただただ勝たんがために、腰を二つ折りにして屁っぴり腰の相撲のような恰好にみえます。これが武道からでたスポーツ柔道の姿かとおもうと、なんとも恥かしくて冷汗がながれます。

いうまでもなく、技がすぐれているために、自然に勝を得る、また理に合った体のこなしが、自然に勝を得させるというように、自然当然の勝を図るものでなければ、武道とはいえません。

武道は、一に体力、二に技で、十分に鍛えて体力をつけ、十分に練って技を磨かねばなりませんが、第三に精神力が必要で、この三つが一貫しなければ、勝利は得られないのであります。

気勢の圧倒

これについて、ちょっと面白いはなしがあります。

私が戸田真竜軒先生の道場にいたときであります。関口流の武芸者が、他流試合にやってきました。当時、各道場の内規として、年若の腕のたつものが末席にすわり、相当の年配で、あまり腕のたたぬ人が上座にすわるということになっていました。

私たちの同門に、年は三十七、八才で、ずぬけて体格のよい人がいました。しかし顔は火傷の痕かなんかで引っつれて、見るからに凄いのです。だが稽古もあさく、筋もあまりよくはないので、腕のほうは一向に駄目でした。そのくせ試合は無類好きで、乱捕りなども負けてばかりいるのに、どこへでも出たがるのです。

この日も、威風堂々と上座にすわっていましたが、いよいよ試合となると、拙者が一番にでるといいだしました。

出れば負けるにきまっているので、先生も門人も、いろいろ言ってとめるのだが、いっかなきかない。しょうがないから捨てておきますと、颯爽とでていって、型のごとく道場中央で相手方と一礼をかわし、お手柔かにお願い申すと、お互に挨拶をするや、東西にパッと別れました。

すると彼は、例のケロイドで引っつれた眼をクワッと見開き、顔じゅうをしかめて物凄い形相になり、とてつもない大声をあげて、ヤーッというなり、ドンと足踏みをしたものです。これを見た関口流の相手は、胆をつぶして一間ほど後方にハッと飛びすさり、「まいりました！」と頭を

さげています。

勝負あったので、戸田先生が関口流の人に、「どうしましたか?」と訊ねますと、「いやどうも、恐れいりました。実はもう少し下座の、弱い人をだされるのかと思っていましたところ、いきなり上座の、見るからに恐ろしい人を出されましたので、どうにも手が出ませんでした」と白状しました。この人は、最初から精神力で負けていたのです。

武道はこんな心構えでは駄目なので、武人は常に変化不驚といって、刻々にかわってゆく技なり形なりの外界に驚かず、恐れず屈せず、自然の一本の道をただ一筋に、一貫不動の精神を養成することが肝心であります。これを錬成するところに、武道の真価があるとおもいます。

九鬼八方秘剣の術

私が十七歳のときでした。私の家の燐寸製造工場に、石谷松太郎という老人が、木刀を杖について訪ねてきました。この人は一かどの武道家なのですが、武道では生活ができないので、何か、仕事はないものかと、いわば求職にやってきたわけです。

そこで私の家では、とりあえば守衛ということで雇い入れまして、倉庫の中に道場をつくり、私をはじめ有志のものが、この先生から九鬼八方秘剣の術、つまり剣とか棒とか手裏剣とかの綜合武術と、別に忍術の教導を受けました。しかし何分にも老齢で、二年ほどして、私の膝の上で、永眠されたのであります。

二十一歳の徴兵検査は、前にいったとおり、右の鼓膜が破れているので不合格でしたが、力は人並以上あったとおもいます。たとえば、家の工場で燐寸の軸木に加工するのに、良質の真水が必要なのですが、明石の人麿神社の下に、亀の水といって、清らかな水が湧いてでる、それを使っているのでした。そこから私の家まで、約十町はあるでしょう。私はこの水を、水桶にくんで一度に四荷ずつ運びました。水桶一荷が十六貫ですから、四荷で六十四貫、これを肩にかついで、一日に十回ずつ、毎日水汲みをいたしました。これを一か月ほどつづけたのであります。まあ、三、四人力はあったようです。

生米生活一か年

この水汲みが辛かったからではありませんが、家の中におもしろくないことがありましたので、二十一歳の夏、私は家出をしました。そして神戸の摩耶山中、亀の滝のほとりに籠り、一か年のあいだ、生米だけをたべて生活しました。

その間に、今までに習いおぼえた唐手忍術に、自分自身の工夫を加えて修行をしたほか、天狗ではないけれども、名前もしらず得体もしれぬ老人から、いろいろと教えを受けました。

こうして一年をすごしましたが、つくづく考えますに、何をするにも、金がなくては手も足もでません。とにかく、なんとかして金を握らねばならぬとおもいまして、清国行きを志したのであります。

清国にわたって、満州から北支方面を十年間放浪しました。その間に、清国の唐手、小林派の達人の張四竜と、やむを得ず試合をしなければならない仕儀となって立ち合いましたが、試合は互角で引分けとなりまして、そんなことから私が日本民国青年武徳会の会長に推薦されるなどのこともありました。

清国時代はなにしろ滅茶苦茶で、善いこと悪いこと、思いだすのも厭なことも、たくさんあります。首きりもしましたし、馬賊との戦いもしましたし、日本独特の忍術もつかいました。

思いがけないことに、この忍術が、大へん役にたちましてネ。私は忍術のおかげで、当時の金で二十万円からの大金をもって日本に帰ってまいりました。

ここらへんのことは曖昧ですが、いずれ詳しくお話しすることもありましょう。

それにしても思うことは、剣はもとより柔道でも相撲でもなんでも、敵と相対した瞬間に、相手の力量・心術を知るということ、相手の仕かけを予知するということができぬようでは、危難をまぬかれることはできません。人間だれでも、今自分を殺そうとするものがあれば、六感でもってその殺気を感ずるはずのものであります。精密なレーダーのようにそれを受信する。その受信ができないようでは、武道家の資格はないといわねばなりません。私の生死出没の経験から、特にそのことを痛感するのであります。

（九鬼八法秘剣術二十七代）

忍びの黙示録

忍者の歴史。その不可解な生き物！　忍術研究家や作家は、忍者の残した伝書やそれに関係ある古い文献によって、いろいろな説を唱えております。しかし彼らの書かれたものを見たとき、なんと一つの方向に進んでいることに気がつきます。頭脳的すぎるのです。忍者は頭脳だけでそれを知識源とは考えておりません。体全体を知識源と知っているのです。故に、人間の体をよく七頭身に分類する人の考え方を借りれば、頭脳的人間には七分の一の知識でしか忍術の歴史は無論のこと、忍術について語ることができないということに、なりやすくなります。

忍術にしても武道にしても、首から下の七分の六の感覚、それを私は忍者六感といっています。この七分の六の感覚の持ち合わせもなく、忍法、武芸の本質を七分の一の頭脳感覚だけで追っても、真実は掴みにくくなる真理がここにあるのです。

さてここで忍者の歴史を語ろう。忍者と忍術の時代性格を考えつつ。

古くは日本の草創期、神武天皇の頃から代表する大久米命《オオクメノミコト》のような軍師が忍者もどきの力を発揮していた。聖徳太子が志野便《しのび》（志能便とも）の大伴細入を用いたという。細入、細きに入る忍びの形容詞であろう。そして大友細入とは、忍びの者の前形態的、或いは同一的、いうなれば皆さんも現在忍者的虚実を使っている人間関係を有効にするような方便的な匂いがするものである。

恋愛でもそうでしょう。美人をものにするため、いろいろな虚実方便を諸君も使った覚えがあるでしょう。古来人間は誰もが忍び的技術、忍ぶ法などを自覚せずとも使って生きているのである。では忍術ってなんですかということになる。この答えは簡単に答えて、簡単に納得していただこう。

〃忍者〃の達人になるためには忍者入門という科目を帰一空修行して会得する。その会得できたものが忍者であり、忍術が使えるのである。忍者八門というのは、第一に忍者の気合。(二)忍者の体術、骨法術とか骨子術とも呼ばれるものです。(三)忍者の剣。(四)忍者の槍。(五)手裏剣。(六)火術。(七)遊芸。(八)教門。以上八つの教程をマスターしているということで、この一門々々についてはいずれ説明するとして、先に進めましょう。忍術なるもの忍者を活字や映像にして、また、音にしてこれを表現しようとしても、それができない部分がたくさんあります。何しろ、忍術は消える芸術であり、また影から空間に忍び込む芸術である。したがって忍術を知るためには、忍術を修行してそれをマスターした七頭身全体から勘《かん》じとった支点、八門観からスタートする必要があるのである。この視点からわかりやすく忍者の歴史を語るならば、私の師匠である高松先生からの口伝では、１０２４年から１０７７年の約五十年の間に武士が戦国時代を生き抜く方便として、環境に消化させて、生きるための忍ぶ武術を完成させていったのである。それが忍者の流派を七十三流あり、七十五流あり、百三流あり、そんな見えない者を数えるような説を生んだのである。

さて、私の戸隠流について語ると……、木曽義仲という武将の家来だった少年源兼定が将軍義仲の出陣に従い、奮戦虚しく義仲将軍の戦死を見届け、手傷を受けた兼定は、伊賀山中に亡命したものである。これは将軍の墓やその家族を守るためでもありました。そしてこの山中に住む、霧隠道士に忍ぶ武術の手解きを受けてより九百年、今まで生き抜いてきたのが戸隠流忍法であり、その教えは暴力的闘争的なものでなく、「国や家族、そして自然を平和的に忍んで、守ろう」と神に誓った忍美の武術なのである。このドラマはシャーウッドの森の「ロビンフッド」のお話や、ゲーリー・クーパーとイングリッド・バーグマンが演じた名画『誰がために鐘は鳴る』か、そして『ターザン』。この三つのお話のヒーローのような映像が、忍者像だと思っていただきたいのである。そして忍者に関しての歴史感《れきしかん》は、瞬間の歴史だと思ってください。

私が忍術という道を見つけるまでの歴史を語ろう。これは小さいときから、柔道、剣道、空手、という武道を稽古する一方、体操選手、そして中学の頃はボクシング、高校ではサッカー部のキャプテンをやり、センターフォワードをつとめました。そして社交ダンス、これが後年蹴りや足捌きに非常に役立っているのに気づきました。柔道とボクシングも続けて稽古しました。大学に入ると柔道の稽古と演劇科に入り演出の勉強をしました。そして接骨医の学校へ通う頃、横田のベースで米軍に柔道を教えました。ジェイムス・エンルース君や、ロバート・トータン、ビルヂョー・ホエルズ君など、いまから三十年くらい前になりますが、いまだ彼らとの楽しいトレーニングの思い出が目に浮かびます。それから古武道の世界の門を叩きました。それはスポーツ化された武道でない実戦的格闘技を求めたからです。

そこで月五拾万円くらいの月謝をお払いして、古武道の先生に自宅の道場に来ていただき古武道十八般を教えていただきました。しかし、三年にしてその先生も私に教えるものがなくなりま

左写真「光を捕る」

した。

そこでその先生のルーツから私の生涯の師高松壽嗣先生との出会いがあったのです。そして十五年、私の住む野田市から、奈良の高松先生のお宅へ通い続け通しました。片道十五時間の汽車の旅。そんなものは、本当の武道を見つけた私にとっては楽しいことでした。高松先生の印象ですが、まず恐ろしく強い先生でした。それに先生は私を一度もお叱りになりませんでした。今、私が考えるのに、高松先生は私を孫のようにお教えくださったのだと思えるのです。また、高松先生の仰られる一言一言に無限の教えが含まれた、無限の歴史が含まれているのが感じられるようになりました。また、忍法の教えには後の歴史に生きる、生きてくるような教えが含まれているのだと発見できました。

高松先生が「初見はん、今晩はな、わての切り込む刀を手で掴むのや」と言われました。そこで、高松先生の握る一刀の鞘尻について公園へと向かいました。「さあ、よいか。何も考えたらあかん。わての切り込む刀を掴むのや」「はい！」と月の光に上段に蒼白く画かれた一刀。高松先生の上段の構え。美しい自然。瞬間私の心に閃くものがありました。「刀だと思ったらいかん。光だと思っていくことだ」。瞬間、先生の斬り込まれる一刀を光を掴む意識でキャッチしていたのである。光明。何かこの瞬間、詞韻波羅密大光明の偉大さを感じたのである。

光が歴史を見せてくれたのである。一つの忍ぶ作業を終えた未来がここに存在していることを教えてくださったのである。忍びの黙示口伝は、正しい人、そして忠《ただ》しい人にのみ受けつがれ未来に生きるということを付け加えておこう。忍者の歴史は常に次に発表されるものである。

今村先生八十歳のお祝いと忍者の変装術

日本出版美術家連盟会長の今村恒美《つねみ》先生と私は三十年来の知遇を得ている。今村先生の八十歳のお祝いのパーティーの招待を受けて、上野の精養軒へと妻の鞠子と桜で包まれた上野公園を歩く。花曇りの舞台を傘もささずに、幕末の勤王の志士、月形半平太が芸者雛菊に「春雨ぢゃ、濡れて参ろう」と言った名台詞名舞台を歩くかのように会場の扉を通り過ぎる。日本文学のよき理解者であるドナルド・キーン氏が笑いながら語ったという「私は古典から現代までの日本文学を研究しました。なかでも日本の和歌を国家大観で読んでいますとね、つくづくサクラとモミジが嫌になってしまいます……（笑）」それ程過去千年にわたって日本の歌人はサクラとモミジを沢山詠みつづけているのである。

この桜の咲きっぷり、散りっぷりが一期一会の花の如く思われ、武士が好んだのでしょう。一期一会とは、生涯に一度という意味が含まれており、その瞬間瞬間を人生に例えたものである。私達夫婦も六十間近になってくると、楽しいパーティーにも何か一期一会の気分がよぎるのである。今村先生のご挨拶の中で、このようなお話があった。

「私が若い頃、易者に見てもらったところ、『あなたは五十歳までしか生きられません』そう言われて私も気になり、もう一人の易者に見てもらいました。そうしたら『五十歳までしか生きられない』と言うので、そこで『もう一人』という風に見てもらったのですが、三人の易者すべてが『五十歳しか生きられない』と言うのです。そこでケセラセラと絵を描き続けていましたところ八十歳です！」。

兵法、武道の中にも易に類似したものがあります。例えば中国の名将で八門遁甲の名人である諸葛孔明も戦に敗れている。私の流派の修行過程の一つとして、天門、地門、日取大秘なんていうものも学ばなくてはいけないのですが、私が五十数年修行した今日、表示してあるものを見て決断するよりも、自然の軌動《きどう》を修行一貫して、空軌《くうき》にのれないと当たる当たらぬ問題ではないところにあるのだということを発見しました。今村先生も画の達人です。それ故に、この空軌、奇《き》道《どう》におのりになったのではないかと思います。

武道に限らず宗教でも何れでも、正しく一貫したところに奇跡現象を生むのだろうと思います。密教の修法過程の一つとして宿曜経《しゅくようぎょう》の経典の勉強がありますが、これなどがいつの時代にか、過去現在未来へとルーツを生じ迷わされ、本当の武術、忍法を会得していないと、どこからどこまでが易でまた宗教で、また武道でまた忍術で忍法でという風に、迷いを生じさせられてしまうものです。ですから基本八方からスタートした武風を一貫しつつ、自分自身の力に応じ、これらとバランスを取って学び判断していくことが大切なのです。

今村先生はここ十年ほど、右手が書痙を患い、手が震えて画が描けないようになったのですが、左手で画を書き続け、右手以上に現在は画を書かれている。一貫することは自分自身の生命までも伸ばすことができるのである。戦国に人々の実戦的な基本八方から言わせれば、手が一つ使えなかったら、一つを空間として存在させ、基本八方を生かす精神力に合致させるのである。

今村先生の挨拶が続きます。

「それから六十、七十、八十と良いことをしたんです。これからも益々いい画を描き、恋をしていきたいと思います」

万雷の拍手が起こり、祝福が贈られる。昔の風俗画、これら時代物を適確に書ける方が少なくなっている現在、今村先生のような方には、いつまでも長生きしていただき、時代考証的にもなる風俗画を残していただきたいものである。先生の出版された『江戸暦渡世繪姿』から、先生の許しをいただき紹介し、忍者はこんなふうな変想《へんそう》（変装・変相）をしたのだと知っていただこう。

今村恒美先生と。右・著者、左・鞠子。今村先生は、人間国宝の柳家小さん師匠の絵の師匠でもあった。

挨拶に立つ日本映画界・時代劇の“キング”市川 右太衛門氏。

おしやか願人坊主に変想。坊主の位によって姿も違う。宗派も研究して変想するのである。

忍者は常の形の変相も巧者であった。砂文字や砂画を描いて暗号を書く。砂はまた目潰しにも使う。馬の鼻潰しにも使ったという。

唐辛子売り。忍者は唐辛子を、目潰しや、忍んでいくとき足袋底に入れて保温のためにも使用した。

忍者の変相《へんそう》には傀儡師《くぐつし》に変相する術がある。人形の手振りで合図する。忍びのパントマイム。

猿回しに変相して、猿に毒針を投げさせることをしこんで敵を倒す。猿は日本では「去る」と同音故に災難や悪いことが去るという諺を利用して家に近づいて、忍びの術に利用する。

鰹売り、魚の行商屋の変相。戦国時代、北条氏綱の舟へ飛びこんだ鰹を「尚武《しょうぶ》に勝つ男」と縁起をかついで出陣の祝酒の肴とした故事を利用して、武家屋敷に潜入するときなどに用いられた。

「世界忍者戦ジライヤ」の思い出

「世界忍者戦ジライヤ」は、1988年（昭和63年）から一年間、テレビ朝日系列で放送された特撮ヒーロー作品。筆者は劇中、戸隠流忍法武神館の第三十四代宗家・山地哲山として出演、養父として、また師匠として主人公・山地闘破《とうは》達を導く重要な人物を演じている。なお声は長沢大氏が当てている。

「ジライヤ」への出演の切っ掛けは東映から声を掛けられたことです。経緯はわかりませんが昔やっていたフジ丸（「少年忍者 風のフジ丸」１９６４年６月７日～１９６５年８月31日にかけてＮＥＴテレビ〈現：テレビ朝日〉系列で放送された東映動画製作のテレビアニメ）で私が本間千代子さんを相手に忍術について解説していたので「この人ならカメラに慣れているだろう」と思われたのかも知れないですね。あと東映の武芸講師をやっていたりもしましたから。

「ジライヤ」は子供向きの番組でしたが「忍耐自制の精神が正義の誠の精神力を養い、その精神力が平和を守る基礎となる」というのがテーマで、私も武道、忍術を知ってもらおうと思ってね。やっぱり師匠は「最後は忍術だ」とおっしゃってましたから。だから世界に本質的な武道を知ってもらおうと思ってホームドラマとして作ったわけです。ロケは戸隠山中で行ったりして、私も殺陣や武術指導を行いました。ちょっとしたことなんですけど本当の動き方を見せたり、小道具とかで手伝ったりですね。

先日、今年（２０１８年）は放送開始三十周年ということでイベント※が行われたんですよ。懐

※『世界忍者展ジライヤ』2018年10月6～8日　神奈川・川崎市市民ミュージアム。クラウドファンディングにより一般から出資者を募り、予定を上回る資金を調達して開催された。

かしい顔と久しぶりに会えましたね。とくに私の声を当てていただいた長沢大さんとは初めてお会いして、不思議な感じでしたね（笑）。「ジライヤ」はフランスをはじめ世界中で放送されて、それが切っ掛けで武神館に入門した者もいます。

「風のフジ丸」のミニコーナー『忍術千一夜』で本間千代子さんと。

三十周年イベント『世界忍者展ジライヤ』で長沢大氏と。

筒井巧さんの呼びかけで企画されたイベントには、懐かしい顔が揃った。

岡本明久監督をはじめ、当時の仲間達と。

「初見良昭の波瀾万丈」より

人生の波

人生には波がある。よい波は一生に誰れもが三回やってくると言う。かく言う私の人生の三つの波は、虫の時代、漂白の時代、山の上から下界をのぞき見る時代の三つにわけられる。

虫の時代、これは四十二歳迄続いたようだ。武道の師匠や、立派に人生を貫かれた人との出会いの時代でもある。

何故私が虫の時代かと言うとそれは、武道の師高松先生の一言である。

「初見はん、虫けらやかて馬の尻尾に掴まっていれば千里いけるのやで……」

虫が知らせる潜在意識の修業時代だった。

漂泊の時代は、師の死が師弟の糸を切ったと思った日からの出発である。

漂泊時代。山のような人間という生物の潜在意識の奥に潜む欲望と感情の乱脈を見たからと言ってもよい。武道の極意の巻物を求める姿を善なる人の姿とみつめていた私の心に、悪人が巻物をもつ姿を見た時代と言ってもよい。それは怪力乱心、魑魅魍魎と化した人の映像をそこに見続ける断腸の思いの日々であり、渇ききった太陽の砂漠を歩く自分の姿でもあった。

シャンソンのサウンドではないが、三つめの波がやってきた。それが現在のように思う。

漂泊し歩き続けてオゾン層の小高い山に登り瓢箪を片手に一寸一杯。酔眼で下界を見ながら、武道の極意の唄「としなれば　腰もまがりて眠もうとく　耳は聴こえず　物思いもなし」と吃き

「初見良昭の波瀾万丈」は1995年（平成7年）より、約2年にわたり「野田ジャーナル」紙上で連載された。ここではその中から二選を掲載する。

ながらも、音が聞こえてくるのだ。音符を拾わずにはいられない性、それが私の人生なのだろう。ペンを探し始めたのです。

（日本文芸家クラブ・国際部委員長）

教えないこと

私は武道を教える時、教えることより教えないという方向にウエイトをかけている。

道場で稽古の際、私は一つの流れる技を一回だけ弟子に見せ……「プレイ！」。その早技に弟子はついてこられず「わかりません、教えて下さい」と乞う。私は「武道家が教えてくれと言うのは、〝助けてくれ〟と言う腰抜けの一言だと思っている！」と返す。そして教えず次の稽古に流れる。

平和な時の教育は、教え教わることを美徳としそれに酔っている人が多い。しかし実戦では奇襲につぐ攻撃、教えを乞う暇はない。学ぶ眼も盲目となる。腹や度胸から出る眼力の方が役にたつものである。英国の軍事研究家リデルハートが戦術の確率を調べたものを引用すると、ギリシア以来の大戦争のなかから、名戦闘二百八十を参考にした所、二百七十四と言う数値が奇襲奇道邪道と言う戦法で勝っており、学んだ正攻法で勝った例はわずか六例に過ぎなかったのである。つまりじっくり学んだものは四十八分の一しか役にたたなかったのである。経済学者にお金持ちは少ないですね。学校に行かなくても丁稚からたたきあげの財界人、つまり商戦を生きぬいた者は、天の利、忍耐努力工夫、そして自分の力で学ぶと言うこと。潜在意識が大きかったのですね。

（武芸考証家）

綿谷雪先生のこと

『武芸流派大事典』（共著 山田忠史）をお書きになった綿谷雪《わたたにきよし》先生は戯曲作家でもあり、戯画、特に西鶴の研究家としても有名な眞山青果先生とは師弟の関係でもありました。私も演出家としての勉強をしていた時代もあり、綿谷先生とは武道関係とは限らず馬が合い、俗界についてもよく語り合ったものです。そろそろ本当の武道を知るうえで、私と綿谷先生との一枚の葉書を通して真実を味わっていただきましょう。

私が教育広報に武道について書きましたところ、早速綿谷先生からお返事をいただきました。

「拝啓　猛暑の折柄御勇健のほど慶賀します。教育広報上の貴文の主旨、まったく賛成であります。私はご承知のごとく武技には全然アウトサイダーでありますが、いうところの現在の武道家の言動にはホトホト呆れております。長らく古武道の伝書を読んできましたが、なるほど理論は立派でも一般的にいって、仏教家（若干の流は神道家）の口まねにすぎず、特に現在剣禅一致などは禅僧の大森曹玄氏以外に実際に禅堂に座った人があるのでしょうか。理論だけではマンネリズムにすぎないと思います。私はアウトサイダーといっているのは満足に免状をもらった流儀がないから言うので、習った武術が全然ないわけではなく、小学生時代に戸田流、天神真楊流の手解き（護身だけ）中学では無外流　高橋赳太郎先生につき（手合せ逃げてばかりいた）東京で関東大震災（一九二三年九月一日）前（船越義珍氏の空手公開が大正一五年（一九二六年）だから）その公開前にオペラの西本朝春の稽古場へダンスを習いに行く道で茗荷谷にあった沖縄県人会の寮の学生に空手をホンの少し習いました。しかし恥ずかしいから誰にもいいません。これが初めての告白です。制剛流も少しだけ。」

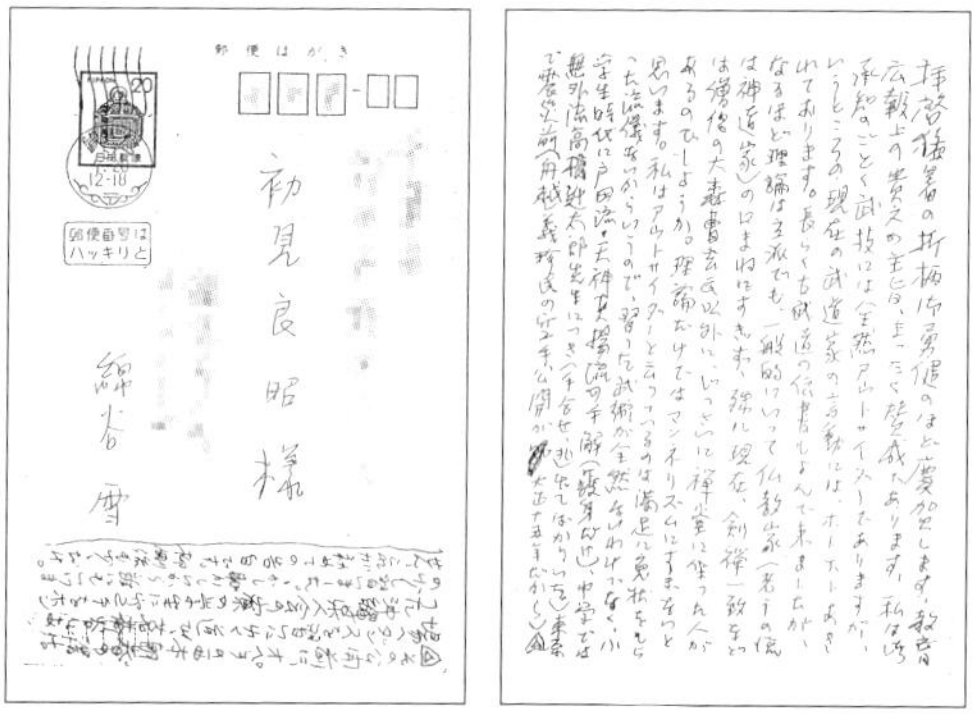

綿谷先生からのお葉書。

以上のようなお便りでした。ここで綿谷雪、雪は雪のように美しいということで、〃きよし〃と読みます。先生は明治三十六年（一九〇三年）和歌山で生まれました。綿谷先生の家系は、代々紀州藩吉川流鉄砲の宗家で、吉川源五兵衛の嫡孫で、実父の吉川元之助は淡路島の洲本市で初めてキリスト教の教会を開いた人で、父の死後淡路島の里子にやられた。淡路の人形芝居文学が、幼き頃のノスタルジアとして演劇に対する灯となっていたのでしょう。母の再婚で少年時代は神戸の綿谷家で養われ生長し、早稲田大学に学んだのである。高松先生も神戸で育たれた。何かの縁があるのですね。綿谷先生は語学にも堪能で、英、仏、グリーク（ギリシア語）、ラテン、蒙古、インドネシアにも通じられていたのである。高松先生も、英、仏、独、中国語を話されている。皆さんがここで綿谷先生の『武芸流派大事典』を見る前に、こっちの方が大切であるということをいくつか述べておこう。

先ず、綿谷先生は語学力が強く翻訳の仕事をやり世界観があったということ。そして歴史小説、史伝、研究書、戯曲集、江戸の地理、武芸史観にも造詣が深かったということですね。綿谷先生は戸伏太兵というペンネームも使われていました。これは戦後のことですが、『由井正雪』『妖婦伝』『日本武芸達人伝』『洋娼史談』『剣豪』『武芸風俗姿』等々。さてここで綿谷先生の師弟関係の眞山青果先生について書こう。眞山青果（一八七八～一九四八）大正、昭和前期の劇作家、小説家でイプセン風の社会劇を書き、新派劇の作者で、『平将門』や『大石最後の一日』『坂本龍馬』と書いている。綿谷先生は必然的に文学と淡路人形座を書き、眞山青果全集十五巻の編集にもあたっている。青果の西鶴研究の助手活動が『江戸ルポルタージュ』の引き金ともなっているのだろう。

綿谷先生は言う、

「僕は考証癖を通り越して詮索病にかかっているんだね」と笑う。「武芸流派の研究をしたけど0《ゼロ》が多いね……」と。そこで私が答えたことがある。「0は大事です。0には真実があり、何でも0からがスタートですものね」「上手いことを言うね、初見君」と笑ったことがある。『武芸流派大事典』のあとがきに「思えばこの『武芸流派大事典』もまた厚顔無恥の集積で、ただただ自分の才幹の未熟と言い逃れする以外に私は途を知らないのです」と。しかしこの『武芸流派大事典』の出版の後も、先生の言う詮索病は続き、お亡くなりになるまで「武芸帖」なる小雑誌を出版して、成果を発表しつづけられたのである。

高松先生もよく言われていたことがある。〇〇先生としておこう。彼がある流派について誹謗したとき「○○先生、あほやな。二年や三年の研究で何を言うてんね」と、私にお教えくださった。そのお便りを皆さんに紹介しておこう。

高松先生のお手紙

某氏が唐手拳法について、仏教が中国に渡来したのは漢の武帝の時代、紀元前一〇〇年代である。其れに伴ってインドの文化や拳法などが清国に渡来したことは想像に難くない。それから五百年後、梁の武帝の時に天山路の峻阻な山道を越え幾多の困難を排して達磨が印度から渡って支那に伝わった。その後、達磨が梁武帝に禅を説いたが入れられず、中州崇山少林寺に留まって禅を講じた。坐禅の傍らに運動不足と座って筋力が萎靡し精神も萎縮して活気がなく（ということは達磨が子供の玩具の足のないような人になったように書いてある）し、そうしたなかで唐手が生まれたようにも書いてある。結構です。

一寸一言申したい。漢の武帝時代より梁武帝の時代は五八五年である。五八十五年違うと一寸事実が変わってくる。また事実少林寺に於いて達磨が足が不自由になったものならば、梁武帝大通元年達磨は廣州に於いて禅を広めていた古文がある。然れば、梁武帝の天下は四十九年である。達磨が少林寺に禅を解き、易筋経を編み出したのは永明九年（４９１年）頃だと古文に有る。永元二年即ち十年後、達磨は少林寺を出て旅とある。某先生の言いはる如くならば足のない達磨が二十五年後、大通元年廣州に禅を広めている。

易筋経を作り羅漢十六手を作ったことは取るに足らないこととい ってお る。

須《すべから》く世論というものは少々歴史をあさると歴史家の大家の如く言い、武道も三年か五年を練習すると天狗となりやすいが其の為に其の真実を書いているものは稀である。

私は現代文明と雖も日本の歴史を其の真実を書けなかった時代がある為に我国の歴史を真実だとは言い得ない点がある。武道も三年五年で天狗となる之で良いのです。天狗がいつか己の武術に異なって進歩するのだけれど、古代のことを捨てたりけなしてはいけない。即ち古代の幼智な技が骨子となっているからである。故古代の幼智なところにまた価値があるから記録をすべきであるのでなかろうか。


高松先生が他界される一年前、「今日本には初見はんほど武道のできるものはおへん」と語られたことがある。これは私の自己宣伝でも何でもない。すなおに先生に言われたことを私が思い浮かべているだけである。

そして武風一貫、昭和四十七年四月二日に高松先生が亡くなられ、葬儀に私と妻の鞠子、瀬能英夫、小林正光の四人が参列、それが復活の日であり、高松塚古墳の壁画が発見された年である。もう二十三年も経過したのですね。先生の語られた一言一言がようやく私にもわかり始めました。そして高松先生がその晩年、武道の好きな者に書き与えた尊い心。一人でも良い、本当の武の道を歩いてくれと願ってあたえた伝書の数々。高松先生と一度も会ったことなく、稽古をいただいたことがない者が、高松先生に教えていただいたと自己顕示する0《ゼロ》なる者。私の現在にも言えるのです。私から代系をもらったという言う自己顕示の0者がいるからです。綿谷雪先生は、雪、雪よりも美しい、きよしこの夜の『武芸流派大事典』として真実の0を残されたのである。眞の武風は0から生まれ、生長していくものである。

武神館の諸子は、光り輝く透明なダイヤの心を持って欲しい。そして武風一貫してほしい。これが私の願いである。

平成七年十月十二日　筆

宗家　寿宗

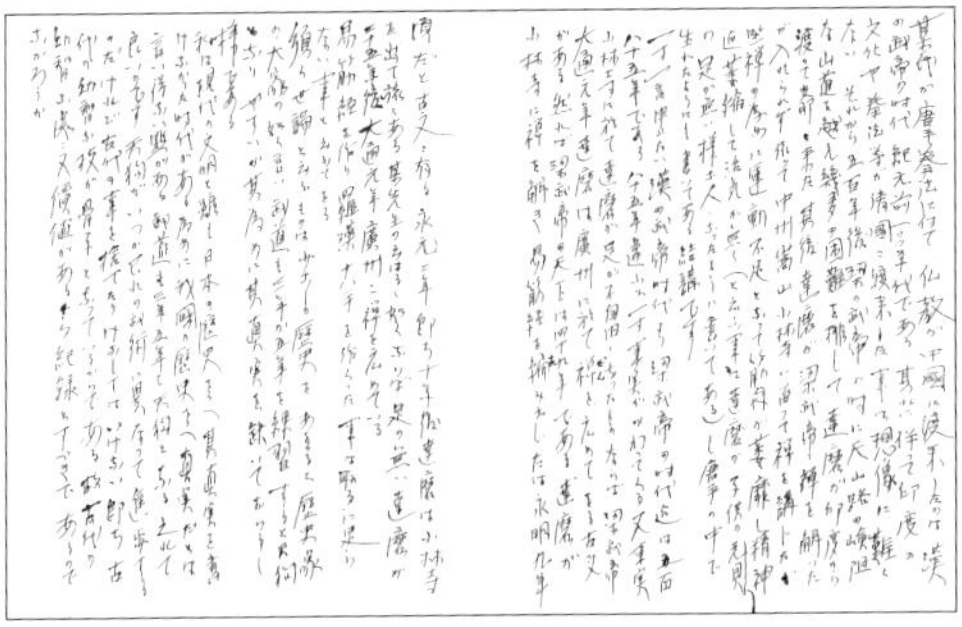

高松先生からのお手紙。

付記・綿谷先生と初めてお会いしたのは私がまだ二十代の頃、先生は三十代でした。手紙にもありますが演劇関係でお知り合いになり、武道のお話よりも演劇や芸術のお話をしている方が長いくらいでした。本当に研究熱心で勉強をされていました。

私は綿谷先生の功績は「残したこと」にあると考えています。正しくても、間違っていても、記録を残していただけたということは、本当にありがたいことです。名和先生とともに沢山のことを学ばせていただきました。（平成三十年十一月）

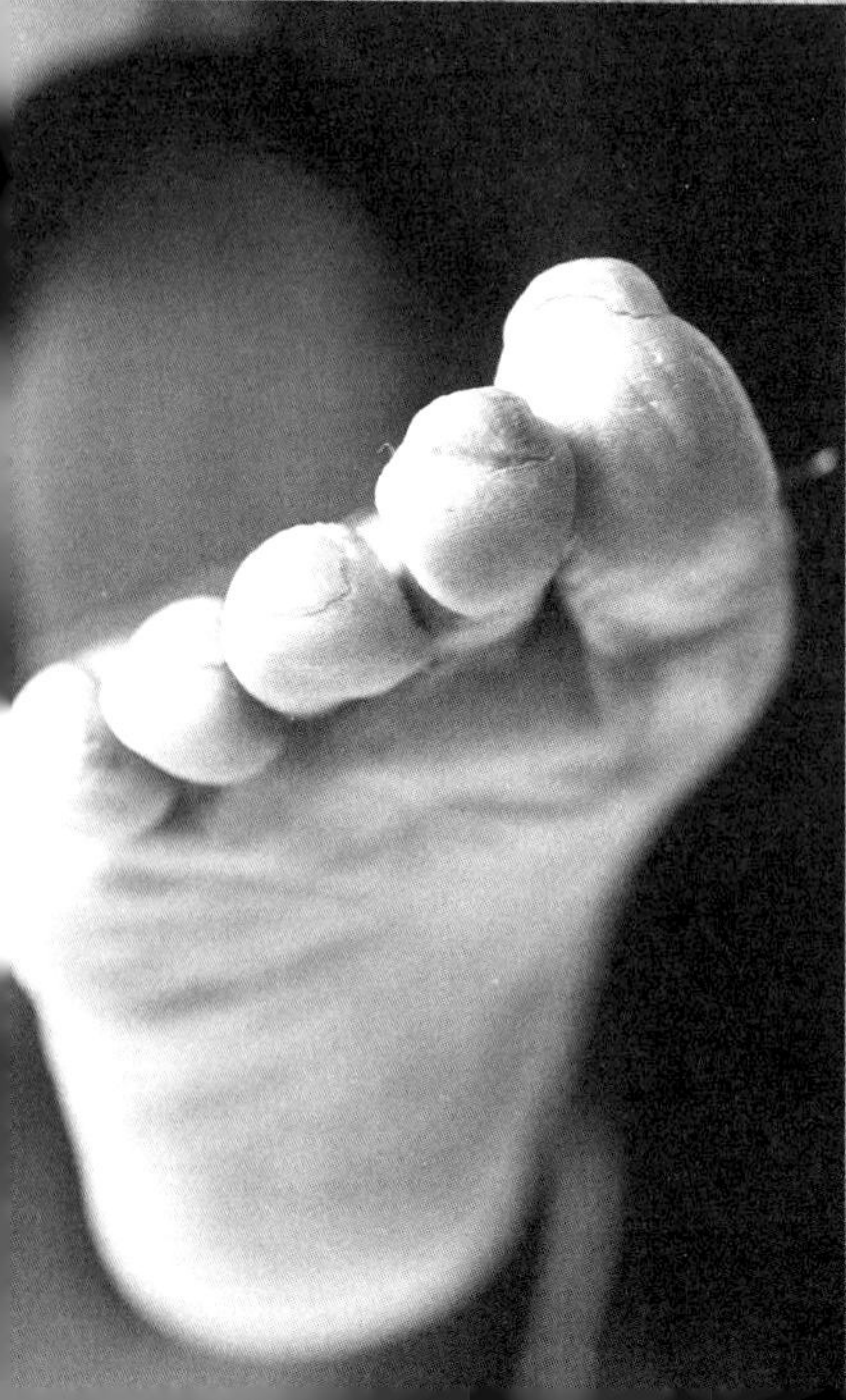
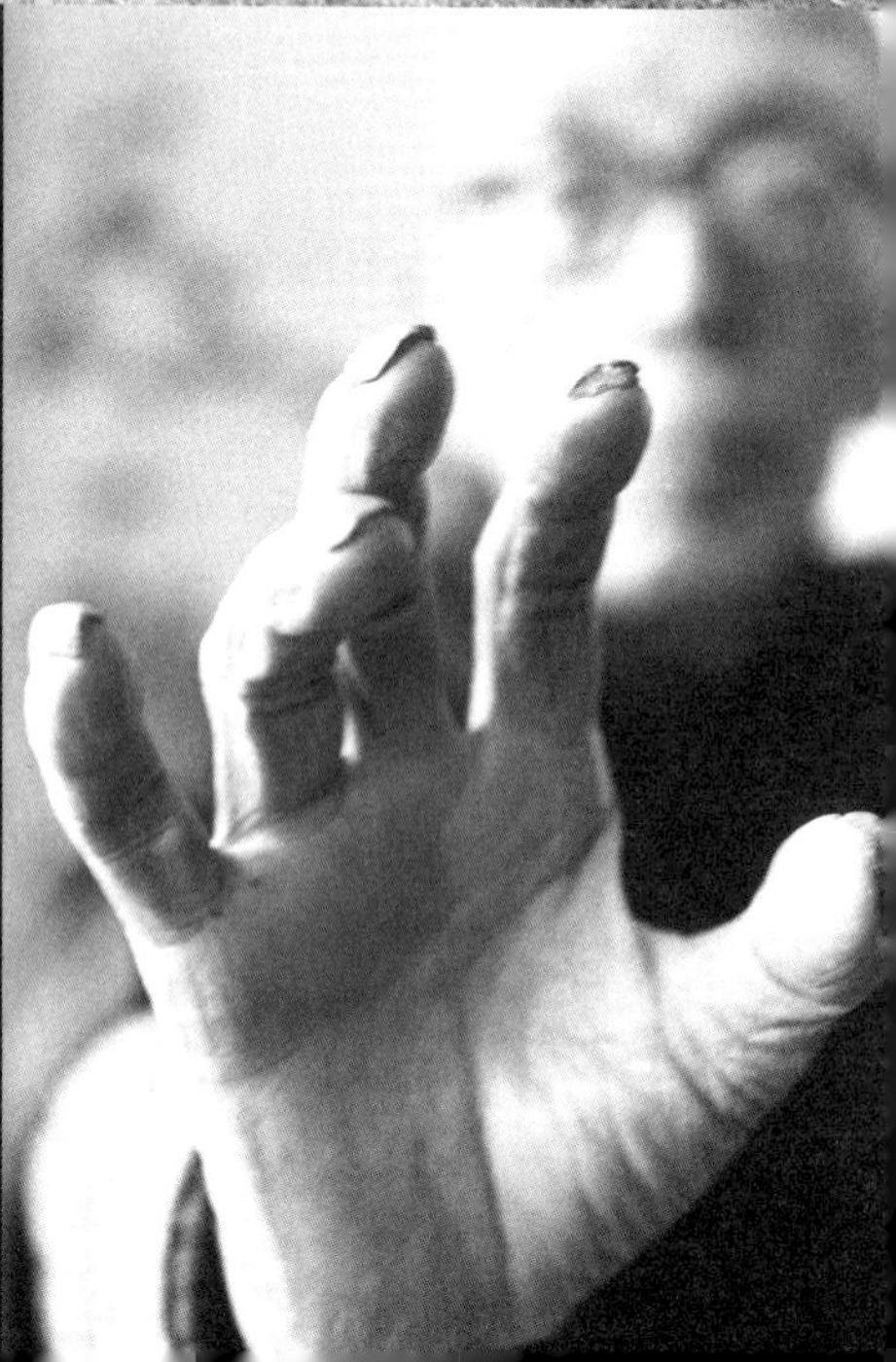

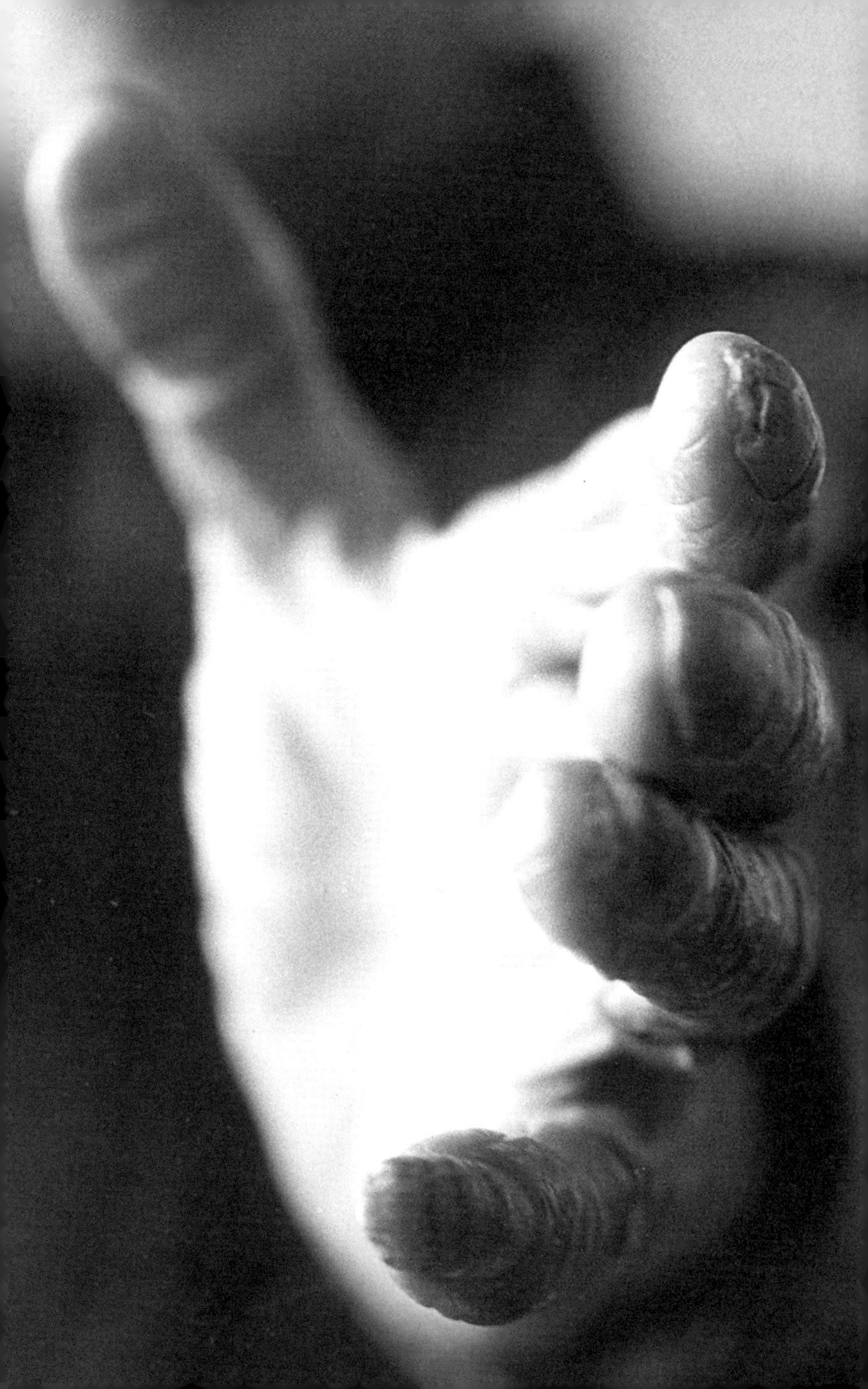

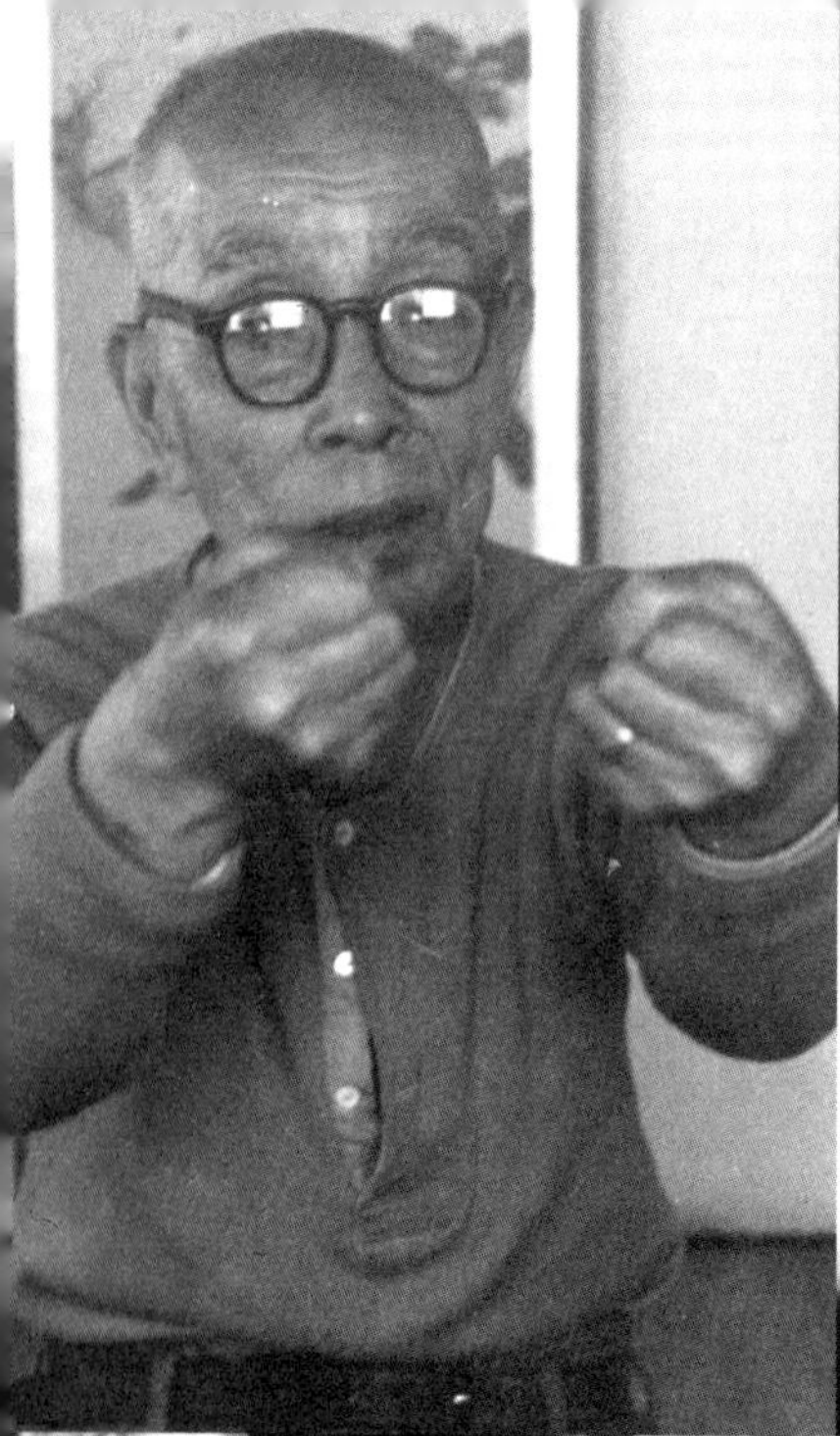

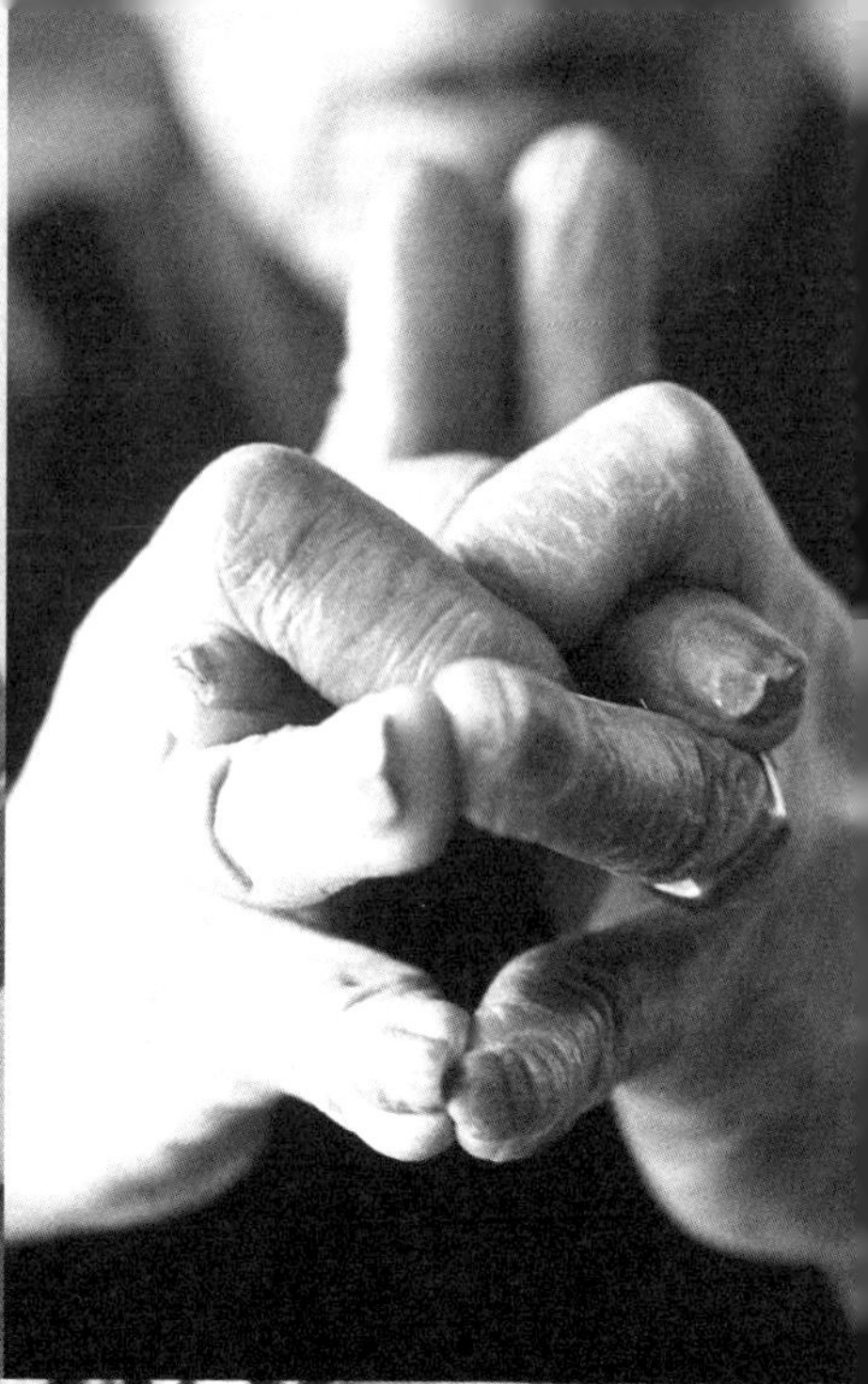

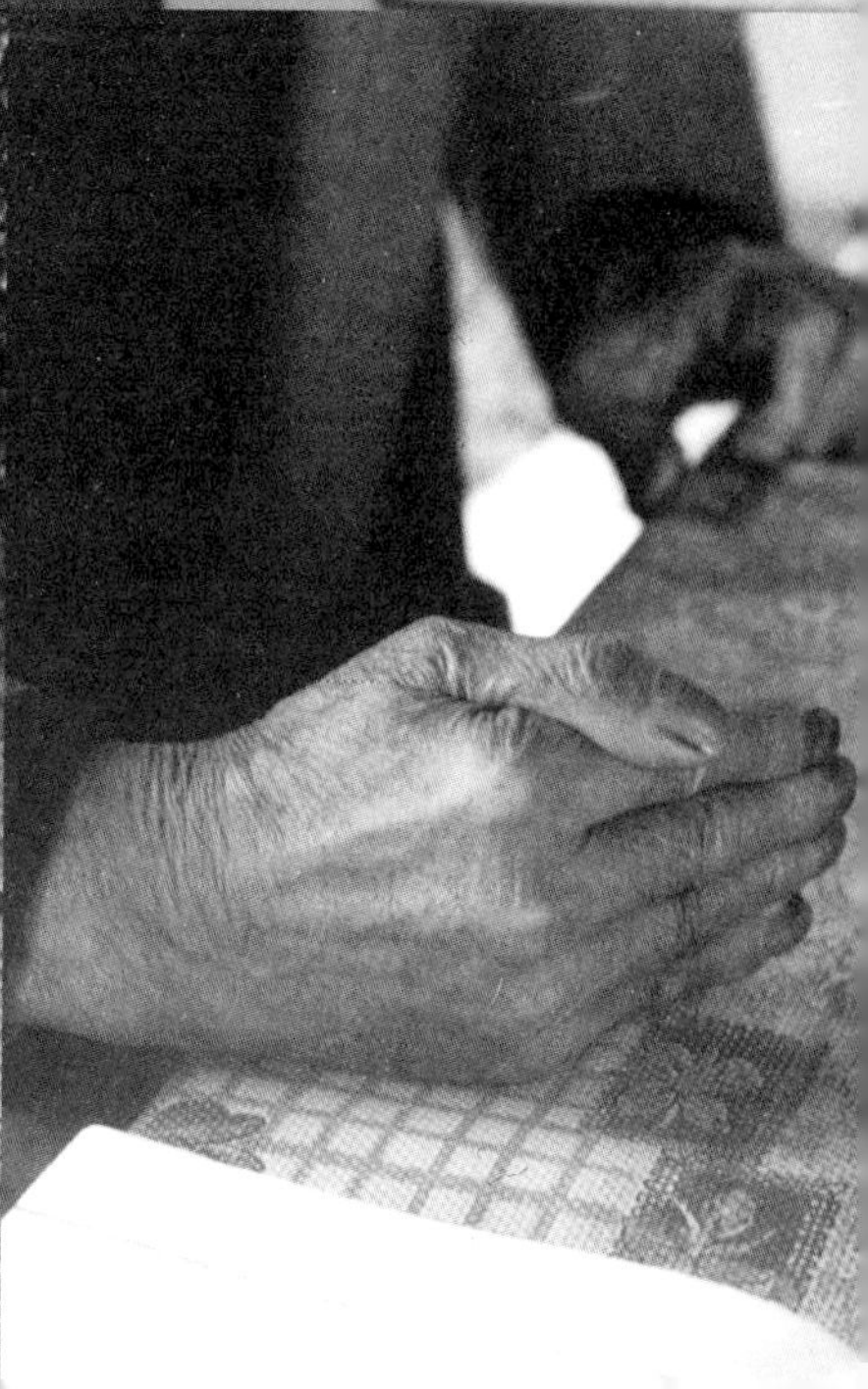

あとがきにかえて

木の国ジャパン　そして三心の形

ある僧がこんなことを語りました。

「百、千の枝葉も一根より生ずる」と。やさしく言えば、巨大な大木の小さな枝、無数の葉も、種から一つの根が発生して、それが成長して大きな大きな大木に成長するのだ、ということです。

そこで私なりにこの大木と語ってみようと思いました。

「もしもし大木君、もう何回誕生日を迎えたの？」

「わからないよ。年輪が沢山体のなかで渦を巻いているので数えていると目が回っちゃうよ！」

「そうかい。小さいときのことを覚えているかな？」

「そうだね、窒素、燐酸、加里（カリウム）っていう美味しいものを食べていた思い出があるな」

「人間はね、武道では三心の教えというのだけれど、人間はね、未だ本当に自分の意識、独立意識、顕在意識のない三才の頃までの心を、〝三つ子の魂百まで〟と言って、その期間を大事にしたんだね。玉虎流の極意の巻物に武道の初心者がそれに習って大事な修業をしなさいと言う三心の型っていうのがあるんだよ」

「へえ、どんなの？」

「ぢゃあそれをやってみせるね。マーシャルアーチストとして最も重要な観覚《かんかく》が含まれている、本能的な人間の自然の動きとでも言うのかな、そんなフィーリング。単純なものなんだな、凄く。よく芸術家が言う単純な動きなんだ。まず三心の型って言うのはそこから出発している。まあ基

本八方とは対照的な動きがあるんだね。これが左と右で十の型があるんだ。そしてね、この十の型を伝書にはまた〃初身の型〃つまり初めて身（ボディー）の型として書きしるされているのも、この五つの型は地水火風空に五つに分類されたものと言うより「地水火風空」大自然の真理を発見しなさい、知りなさい、という教えが含まれているからなんだ。産後《三×五》十五段のセシボーン《C'est si bon》♪さ」

(A)

初身者の型

地《ち》の型

①

先づ自然体と云う大地に自然に立ゝずむ人の姿を画きましょう

②

①から

右足を引いて左手を開いて自然に握手を求めます
右手は指刀拳にして腰に備えます

③

左足を進めながら体を振る用意助走の動きがあります。

④

左手の拳指の形をよく見て下さい
2 3 4の指を拇指と小指で緊張しています

⑤

左手の振り右足の踏みこみのバランスが強烈な拳に変化して当たります。

(B)

①

②

③

地の型はかりではありません 初身者の型左右すべて振る流れる この動きは○指月柱○時○足左
そのバランスが正しい初身の型だなと
諸君を誘っているのです

①

②

③

④

槍の突の道理も
初身の流動によって生きてくるのです
この道理のもとに初身の型に命をあたえて下さい。

C

水の型

① 自然の構から右足引いて①の如く構えます

② 右手を自分の体をガードするようには顔の前にもって来ながら心然的に左手を一寸肘が曲がり敵の攻撃のガードの型となっています

③ 右足を進めながら打つ目的の場所をきめます ここでは相手の左首の所です

④ そして右手を今迄握っていた拳を開くようにして手刀に変化させた瞬間が首筋に当たるよう膝と背柱の連絡を手刀に伝えるのです

D

火の型

① 自然体から右足を引いて"初身の構"に変化しましたね

② 水の型の②の如く変化しながら右足を浮かします

③ さあここで今度は手刀の掌が手のヒラを下に向くように打つのですから

④ 中段のような攻撃前の構えに変化しつつ

⑤ 右足を踏み出しながら手のヒラ下向けの手刀を火の型では相手の右首側部に打ち込みます 首の両側の急所の名前を玉虎流では雨戸と云います

E 風《ふう》の型

①

この型は相手が大丈夫で蹴りの攻撃がありますので自然体から初歩の構

④

指先は風を受けるように感じなっ

②

相手が左足から蹴ってくるのを自分の左手を右の方向に振り降ろすように自然に相手の蹴りを無力にするように下段の構えに変化します

⑤

追風に吹かれながら右足を前進させながら

③

側面から体重を見て②～③のバランスをとって下さい。

⑥

左手刀拳とひって握った拳に拇指を出して拳で目的に吹き当てて下さい。

F 空《くう》の型

①

自然の構から初歩の構

②

この相手の蹴りを体しこれを避ける足自分の体を空にしますつまり力を入れないということです

③

体の前変後変これは相手の強弱足の長短で変化されますね

④

④

相手蹴りを左手で下段払いのその調子抜能で自分なりの蹴りが生まれるのが自然ですねここでは左手を上げ空間と語りながら右大腿を胸につけながら蹴り押し当てては変化します

⑤

⑤

体の変化する時の後屈左手左足の腕が一直線になった時体が弓なりになった時とも形容しよう右足足指拳全身の勢くで相手に飛ばします

「本当に自然が動いているみたいだね！」

「その通り、単純に自然に、型を作ろうとして動いていないところによさがあるんだな」

「何ごともそうだね。だけど近頃の人間はそれを忘れているようだ、ね。困ったもんだ。死の灰や雨を降らせたり、大気を汚染させたりね」

「ごめん、ごめん。だから僕は武道を人類が学ぶことで自然に迷惑を掛けないような武友をたくさん作って、そんなことがなくなるように努力しているんだよ」

「そうかい。ぢやまだ君たちに酸素をあげることができるね」

「ありがとう感謝してるよ。だけどね、良い人ばかりでなく、弟子と師匠を武友の関係にして仲良くしようと思ってもね……」

「なんでも成長するとその人その人によって離れていくもんだよ。動物だって親離れしていかなきゃいけないっていう自然との約束があるしね。落葉と同じことよ」

「そうだね。君に例えていうならば、日本には春夏秋冬と四つに分けられた四季の変化があり、四季の美しさにわびしさ寂しさってものがあり、変化して成長していく。ここが大事だね。エリザベス女王様も『自然は変化するから美しくなる』と仰っているものね」

「その通り。自然の美を観察していると、必ずと言っていいほど変化期に美学がある」

「本当だね、僕もね、今までは、例えば私と弟子との関係でね、自然の変化に入れてもいいだろう弟子の心の持ち方がね、大風が吹いてきて、枝葉を吹き飛ばされてしまうことがあったね。そんな時は、淋しかったな。だけど不思議なんだね。自然は秋がきて枯れ葉が舞い落ち全部風に飛ばされ、水に流され沈んでいっても、白い雪を被った富士山と語っていると、その美しい姿が寒さを忘れさせてくれて、〝もうすぐ木の葉の芽が萌ゆる春がくるんだよ〟とね。そして年輪がまた一つ大きくなって、大木に成長しているんだな!」

「キープゴーイングかい!」

「よく外国の言葉を知っているな。そうだよ高松先生が言われた〝武風一貫〟という言葉の意味がこんなところでもわかってきたんだよ。春風、夏風、秋風、冬の風が武風にはあるってことがね。大木君、大きな樹になったら何が恐いかな?」

「そうだね、人風もあるにはあるが、雷だよ。よく人間がね『寄らば大樹の陰』なんて言ってね、エライ人にゴマをすってさ、その樹の下に座って早く自分も偉くなろうなんて人がいるけどさ、大木の天敵、雷が落ちてくるんだよ……」

「なる程……」

「だから大木にもね、要領がいいって言うのかな、横に大きくなって美観を保つものもいるんだな」

「大木君の木生も人間の生き方にも同じ形態があるもんだね」

「ところで初見君は忍者だろう。根が地中に張って、自由の身にならない僕と違って、世界を自由に跳んだり跳ねたりできるぢやないか」

「その通りなんだけど真理は同じなんだよ。人間として大事なこと、これ根っ子なんだな。大根神様ってのがあるくらいだからね」

「そう、わからないな」

※本文執筆当時。

「肝心要《かなめ》ってね、人間は肝臓と腎臓が東洋医学では丈夫でないと病気になりやすいと言われているんだよ。武道ではこれを心神心眼と書いて、肝心要と呼ぶんだ。だから忍者っていうのは、正義の心を持ち、必要なときだけ正義の方便を巧みに使うことができる者を忍者と言うんだよ。正義の方便、これは自分の思っている意志だけではない、自然、また何らかの神かな？　他から何かが通信してくれるんだな。そうそう根っ子はアースでもあり、時にはアンテナにもなる便利なものだよ。そう思ってください」

高松先生から晩秋の一枚の南画（本書口絵に掲載）をいただいたのは、今から三十年※も前のことですが、その感動は朝日の輝きが交わるように、その絵を眺めるたびに私の心を明るくしてくれるのです。そして私も不思議と画が描けるようになるのです。私は武道家なのでしょうか……。諸君にそっと耳打ちしたくなりました。そして晩秋のこの一枚の画の木々の黄紅《おうこう》が緑が消え、骨木の自然を私はもう三十回も見ているのですね。高松先生と私の間が天然の美で飾られた空間で、師弟としての修業ができた私は本当に幸福です。一人の弟子が落葉のように消え去った思い出が、オー・ヘンリーの『最後の一葉』を思い出さずにはいられません。

今日は諸君と詩を語りたくなりました。聞いてください。

そして初身の型の心技体の栄養にしてください。

大木からのメッセージ

木枯らしが　まともに　私にぶつかる
　肌を叩く　何故だろう
木々の一葉が　人間の心変わりを　悲しんで
　何かを私に語りたかったのであろうに
何故か　無言で去って行ってしまった。

寒い寒い　冬の日よ　枯葉が去り
　裸になった　枯れ木よ　雄々しいぞ
寒くはないかい　何の　僕が裸でいれば
　ひかげを作らず　君等の心が暖まるだろう
これが　老いたる大木からの
　　　　　メッセージじゃよ！

そうだ
武神館の武友　諸君　よかったら！
　私を　道場を作るときは　使ってくれよ

僕も　年老いたので　実は淋しいんだ
暖かい心の　君達と　一緒に　住めれば
幸福だな　木の国　ジャパン

高松先生のご家族と。

本書の第一章は、WEBマガジン コ2【kotsu】(http://www.ko2.tokyo/)で、2017年3月より2017年11月まで連載された、「人生、無刀捕」を基にしています。
WEBマガジン コ2【kotsu】では、武術、武道、ボディーワークをはじめ、カラダに関することを情報発信しています。企画のご相談、執筆なども随時承っていますので是非、ご覧ください。
Twitterアカウント：@HP_editor

忍者《にんじゃ》 初見《はつみ》良昭《まさあき》の教《おし》え
人《じん》生《せい》無《む》刀《とう》捕《どり》

●定価はカバーに表示してあります

2019年1月22日 初版発行

著 者 初見《はつみ》 良昭《まさあき》
発行者 川内 長成
発行所 株式会社日貿出版社
東京都文京区本郷5-2-2 〒113-0033
電話 (03) 5805-3303（代表）
FAX (03) 5805-3307
振替 00180-3-18495

印刷 株式会社ワコープラネット
撮影 糸井康友（口絵・第二章）
編集協力 藤田竜太（第一章・第二章）
図版協力 今村喬
取材協力 藤岡弘、(SANKIワールドワイド)

ISBN978-4-8170-6026-6
http://www.nichibou.co.jp/